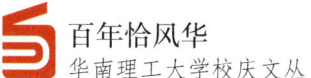

百年恰风华
华南理工大学校庆文丛

探索中国特色高等教育在地国际化之路

基于华南理工大学广州国际校区的实践

章熙春 著

华南理工大学出版社
SOUTH CHINA UNIVERSITY OF TECHNOLOGY PRESS
·广州·

图书在版编目（CIP）数据

探索中国特色高等教育在地国际化之路：基于华南理工大学广州国际校区的实践/章熙春著．—广州：华南理工大学出版社，2024.10

（百年恰风华：华南理工大学校庆文丛）

ISBN 978-7-5623-7157-1

Ⅰ．①探⋯　Ⅱ．①章⋯　Ⅲ．①高等教育-国际化-研究-中国　Ⅳ．①G649.2

中国版本图书馆CIP数据核字（2022）第185575号

TANSUO ZHONGGUO TESE GAODENG JIAOYU ZAIDI GUOJIHUA ZHI LU——
JIYU HUANAN LIGONG DAXUE GUANGZHOU GUOJI XIAOQU DE SHIJIAN

**探索中国特色高等教育在地国际化之路——
基于华南理工大学广州国际校区的实践**

章熙春　著

出 版 人：房俊东
出版发行：华南理工大学出版社
　　　　　（广州五山华南理工大学17号楼，邮编510640）
　　　　　http://hg.cb.scut.edu.cn　E-mail: scutc13@scut.edu.cn
　　　　　营销部电话：020-87113487　87111048（传真）
责任编辑：庄　严　肖　颖
责任校对：黄华超
印 刷 者：广州永祥印务有限公司
开　　本：787 mm×1092 mm　1/16　印张：12.75　字数：242千
版　　次：2024年10月第1版　印次：2024年10月第1次印刷
定　　价：88.00元

版权所有　盗版必究　　印装差错　负责调换

序

教育是强国建设、民族复兴之基，高等教育是建设教育强国的龙头，大学在其中更是发挥着支撑性、引领性、关键性作用。习近平主席强调，"统筹做好'引进来'和'走出去'两篇大文章，有效利用世界一流教育资源和创新要素"。全国教育大会强调要深入推动教育高水平对外开放，建设具有全球影响力的重要教育中心。如何正确处理扎根中国大地和借鉴国际经验的关系，扎根中国大地、建设世界一流大学成为重大理论和实践课题。新时代新征程上，华南理工大学深入贯彻落实习近平主席关于教育对外开放的重要指示精神，高站位布局、前瞻性谋划，于2017年启动部省市校四方共建广州国际校区。七年来，国际校区立足中国高等教育需求，融合世界先进教育理念，引入全球优质资源，使全体学生在本土接受与国际一流高校同质等效的教育，提升拔尖创新人才自主培养的能力，做强面向全球学术前沿和国家重大战略的科研创新，着力打造高等教育在地国际化先行示范区，初步走出一条扎根中国大地、建设世界一流大学的新路子。

时代是思想之母，实践是理论之源。《探索中国特色高等教育在地国际化之路——基于华南理工大学广州国际校区的实践》一书应时而作、应需而为，总结经验、提炼特色，关照现实、面向未来，厚植家国情怀与全球视野，兼具理论深度与实践导向，体现出作者长期身处高等教育工作一线，对高等教育在地国际化的深邃思考和敏锐洞察。书中从高等教育国际化的理念缘起与嬗变历程出发，反思了传统高等教育以地理位移、跨境流动为基础的海外国际化模式的局限性，辨析了高等教育在地国际化"超越流动性"的组织机理与不同层次，并立足中国高等教育的现实需求与华南理工大学广州国际校区的实践探索，创新性解答了中国特色高等教育在地国际化的路径之问。作者的诸多观点和内容具有前瞻性，比如"中方为主、全球协同""中西合璧、臻至一流"原则，"在地国际化"与"双向国际化"互促双强布局，以及对"华工模式"的经验挖掘与全景式呈现等，可读可鉴性很强。

历史、现实与未来是相通的。高等教育在地国际化的"华工模式"既是时代的产物，也是华南理工大学百年文脉的历史传承。从百年前的"红色甲工"，到1952年的全国四大工学院之一，从改革潮砥砺奋进奏强音，到新时代步履铿锵逐梦行，一代代华工人把安邦兴国之志、经世济民之学化为实际行动，矢志不渝建一流大学，不忘初心育一流人才。该书介绍的"华工模式"创新是华南理工大学实业救国、工程报国、产业兴国、科技强国之路的历史延续，也是中国无数仁人志士勇毅前行、追寻教育强国理想的现实映射。

积力之所举，则无不胜也；众智之所为，则无不成也。高等教育在地国际化的创新之路，是扎根中国大地建设世界一流大学，统筹实现高质量"引进来"和高水平"走出去"的生动体现。同时，正如作者在书中指出的，中国高等教育在地国际化之路仍处于起步阶段，诸多发展瓶颈和潜在挑战尚待突破。在系统性推进高等教育在地国际化的征途中，如何把握中国教育与全球教育的关系，如何在国际新格局中找准参与全球教育治理的切入口，需要我们持续思索、积极探求。华南理工大学希望坚定不移走好高质量"引进来"和高水平"走出去"相结合的开放办学之路，进一步提升全球人才培养和集聚能力，加速挺进全球百强大学，着力写好"强国建设、华工有为"的崭新篇章。

中国教育国际交流协会会长

教育部原副部长

前　言

　　高等教育在地国际化理念肇始于20世纪90年代末，主张立足本土、对接国际，利用多元国际优质教育资源，建设富有本土特色的国际化校园，在本土校内为学生提供国际化和跨文化教育。作为传统高等教育国际化的延伸方案，高等教育在地国际化以本土化载体为核心，以国际化资源和自主化管理为两翼，在运作机制上体现出"吸纳—嵌合—引领"三位一体的"内外融通"特征，"由外而内"的资源汇聚、"以内化外"的本土转化和"由内而外"的输出展示构成了高等教育在地国际化的立体性行动理路。在价值意蕴上，普惠的公平性、发展的全面性和更优的效率性是高等教育在地国际化最具共识性的相对优势，其一经提出便得到了许多国家和地区的重视和推行。随着当前世界各主要国家加强战略博弈，全球化进入"换挡期"，逆全球化浪潮涌动，以及传统高等教育国际化发展面临巨大挑战，中国高等教育布局亟须通过在地国际化模式创新，进一步推动高等教育向内涵式发展，加强高等教育对国家发展的牵引力作用，推进高等教育强国建设。

　　从历史变迁看，传统的高等教育国际化模式源自西方，在促进各国高等教育发展方面发挥了重要作用。但是，囿于地理疆域、国家竞争等因素，传统高等教育国际化实践也在一定程度上加剧了世界高等教育体系发展的失衡，尤其是放大了发展中国家的被动国际化劣势，涌现一系列亟须解决的负面问题。对此，作为一种新型高等教育国际化样态，高等教育在地国际化模式的出现一定程度上可以弥补传统国际化模式的不足。中国作为高等教育国际化的后发赶超型国家，尤须立足时代潮头，保持理论清醒，抓牢发展机遇期，根植本土情境，创新高等教育在地国际化发展理念，推动高等教育纵深发展，为世界高等教育体系的优化贡献中国智慧、中国方案与中国力量。

华南理工大学广州国际校区是华南理工大学响应习近平主席关于"扎根中国大地办大学，走出一条建设中国特色、世界一流大学的新路"的号召，进行高等教育在地国际化办学模式探索的创新性实践。在华南理工大学创办在地国际化校区的设想，源于对世界高等教育在地国际化发展新趋势的顺应和中国特色高等教育在地国际化现实之需的回应，也源于广东省高等教育国际化办学条件和广州市未来经济社会发展对于国际化人才的诉求，以及华南理工大学良好的软硬件基础和转型发展的使命要求。在内外部情势助推和多重因素综合作用下，华南理工大学广州国际校区建设得到了教育部、广东省、广州市的大力支持，在2017年3月正式签署"部—省—市—校"四方共建协议；在2019年9月庆祝中华人民共和国成立70周年之际，顺利举办首届开学典礼；在2022年9月见证全面建成的历史时刻，开启了中国特色高等教育在地国际化的新实践、新探索。

本书聚焦中国特色高等教育在地国际化创新发展模式，以华南理工大学广州国际校区为实践案例，总结了华南理工大学广州国际校区扎根中国大地开展国际化办学的探索经验。华南理工大学广州国际校区立足中国实际，融合世界先进教育理念，引入全球优质教育资源，借助国际化平台，推动前沿交叉领域新工科发展，使国内学生在本土接受与国际一流高校同质等效的教育，培养一流的拔尖创新人才，实现了中国特色高等教育在地国际化教育的新发展。在内容上，本书首次从"以我为主、中西合璧、前沿引领、走向世界"的原则指引，以及"办学自主权、内容主导权、自主评判权、成果使用权"的行动纲领等角度，系统探寻了中国特色高等教育在地国际化建设的前进指南和行径方向。在结构上，本书包括上、中、下三篇。上篇对高等教育在地国际化的历史渊源、组织机理、实践模式以及中国高等教育在地国际化的创新需求进行了整体梳理；中篇对高等教育在地国际化的基本层次、中国特色高等教育在地国际化的基本原则、中国特色高等教育在地国际化的行动架构进行了现实探讨；下篇系统回顾了华南理工大学广州国际校区的典型实践，提炼了"华工模式"的革新之道与示范意义。

察往知来，砥砺创新。在2024年9月召开的全国教育大会上，习近平主席提出建设教育强国是一项复杂的系统工程，要紧紧围绕立德树人根本任务，正确处理扎根中国大地和借鉴国际经验的重大关系，深入推动教育对外开放，统筹"引进来"和"走出去"，积极参与全球教育治理。对中国特色高等教育在地国际化创新发展模式和华工经验的研究总结具有多重现实价值，相关理论探讨、案例经验可以为服务粤港澳大湾区高质量发展和教育强国建设提供新的思路，为全国高校提供可借鉴和可复制的在地国际化办学经验，并探索形成一套新的本土特色、世界一流的高等教育在地国际化建设方案，为推动全球教育事业发展贡献更多中国力量。

目 录

上篇

第一章　高等教育在地国际化的历史渊源　002

第一节　理念缘起：要义与共识　003
第二节　历史嬗变：变迁与探索　010

第二章　高等教育在地国际化的组织机理　021

第一节　要素构成："一核两翼"　022
第二节　运作机制："内外融通"　027

第三章　高等教育在地国际化的实践模式　031

第一节　三大模式：复制—改良—再创　032
第二节　双重取向：同质性流动与异质性重构　036
第三节　发展中国家实践的不同样态　040

第四章　中国高等教育在地国际化的创新需求　045

第一节　超越现有价值主张的局限性　046
第二节　回应优质高等教育的新需求　057
第三节　适应国家发展战略的新目标　061

中篇

第五章　高等教育在地国际化的基本层次　068
第一节　初阶：散点式的要素迁移　070
第二节　中阶：模块式的物理拼装　076
第三节　高阶：集成式的系统融合　081

第六章　中国特色高等教育在地国际化的基本原则　084
第一节　以我为主　085
第二节　中西合璧　089
第三节　前沿引领　095
第四节　走向世界　099

第七章　中国特色高等教育在地国际化的行动架构　104
第一节　以自主办学、中西融通为"基"　106
第二节　以家国情怀、臻至一流为"径"　110
第三节　以社会服务、效益产出为"尺"　114

下篇

第八章 从改革理念到创新实践：华工模式的应运而生 122

第一节 打造自主办学新格局 124
第二节 创设办学育人新方案 128
第三节 构建闭环管理新平台 135
第四节 探寻提质增效新路径 148

第九章 从创新实践到典型样本：华工模式的进阶之道 155

第一节 应时而变，对接时代所需 156
第二节 聚力而为，联结四方资源 165
第三节 乘势而上，高原上建高峰 171

第十章 从典型样本到全面推广：华工模式的未来趋向 177

第一节 创新扩散空间 178
第二节 未来发展方向 181

后 记 185

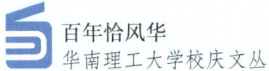

上篇

第一章
高等教育在地国际化的历史渊源

第二章
高等教育在地国际化的组织机理

第三章
高等教育在地国际化的实践模式

第四章
中国高等教育在地国际化的创新需求

第一章

高等教育在地国际化的历史渊源

高等教育在地国际化的概念肇始于20世纪90年代末，因"超越流动性"的创新性主张，被认为具有更加普惠的公平性和更优的效率性等价值意蕴。经过20多年的发展，高等教育在地国际化的发展潮流从西方扩散至中国，理念内涵得到不断深化，实践样态日益丰富，已成为世界各国普遍认可的高等教育国际化新范式。同时，高等教育在地国际化作为一种创新形态，目前仍处于尚未发展成熟的探索初期，诸多微观操作机制与本土化实践路径有待进一步探索。辨明来路方知进路，对高等教育在地国际化的理念缘起与历史嬗变进行系统回顾，有助于找到新时代中国特色高等教育在地国际化建设的发展方向。

第一节
理念缘起：要义与共识

一、概念"简史"

对于何谓高等教育在地国际化，国内外学界共识的达成经历了一个不断发展的过程，至今仍是一个富有内在活力的议题。1999年，瑞典马尔默大学副校长本特·尼尔森（Bengt Nilsson）在欧洲国际教育协会论坛上发表报告《在地国际化——理论与实践》，首次提出在地国际化（Internationalization at Home，简称"IaH"）的概念——"在地国际化是在教育领域中除学生跨国流动之外的所有与国际事务相关的活动，旨在让所有学生在校期间都有机会接受国际理念与跨境文化的影响，提升自身能力，以应对不断变化的全球化世界的需求"[1]。在此基础上，德国学者贝恩德·沃切特（Bernd Wächter）于2000年正式将在地国际化定义为"在教育领域中除师生海外流动以外的所有与国际化相关的活动"[2]，由此形成了在地国际化概念的基本共识。

不过，对于上述正式定义，学界也不乏争议之声。譬如有学者批评

---

[1] NILSSON B. Internationalization at Home: Theory and Praxis [R]. Maastricht: EAIE Forum (Spring), 1999: 12.
[2] WÄCHTER B. Internationalization at home: the context [C] // Croether P, Jorism, Otten M, et al. Internationalization at home: a position paper. Amsterdam: European Association for International Education, 2000: 5-15.

该定义更"关注手段，而非目的"①，"只关注活动过程而非结果"②，以及"高高在上，却缺乏可行性"③。其中，乔斯·贝伦（Jos Beelen）和埃尔斯佩思·琼斯（Elspeth Jones）指出，该定义只是反向定义了在地国际化"不是什么"，却没有真正定义在地国际化"是什么"。因此，两位学者呼吁重新定义在地国际化，以推动在地国际化的真正落地，并在2015年提出了著名的在地国际化新定义——"高校在人才培养过程中，有意识地将国际和跨文化维度整合到面向国内学习环境中所有学生的正式和非正式课程中"④。该定义主要基于"课程国际化"的理念，强调通过正式与非正式的课程积极主动地推进在地国际化，为所有学生提供国际化和跨文化的教育。

实际上，国外学者们对高等教育在地国际化的概念界定"同大于异"，在总体上构成了在地国际化概念不断丰富发展的演变过程。从国内情况看，中国学者也多认可和采用乔斯·贝伦（Jos Beelen）和埃尔斯佩思·琼斯（Elspeth Jones）的上述定义，区别之处主要是从不同的侧面对在地国际化概念进行更加具体的界定。譬如有国内学者指出在地国际化是在高等教育国际治理日趋明显的背景下，高校利用已有国际优质教育资源——国际学者、留学生、国外教材、跨境项目、多元课程与国际会议等，建设富有本土特色的国际性校园，为全体学生在校内提供接触跨文化与国际性事物的机会，进而实现培养高层次国际化人才的办

---

① BRANDENBURG U, WIT H D. The End of Internationalization [J]. International Higher Education, 2015（62）：15-17.
② WENDY G, CRAIG W. Reflections on an alternative approach to continuing professional learning for internationalisation of the curriculum across disciplines [J]. Journal of Studies in International Education, 2013（2）：148-164.
③ WIT H D, BEELEN J.（2014）Reading between the Lines‐Global Internationalisation Survey [N]. University World News, 2014-05-02（03）.
④ BEELEN J, JONES E. Redefining internationalization at home [C] // Curaja, Mateil, Pricopier R, et al.（eds.）The European higher education area: between critical reflections and future policies. Berlin: Springer Verlag, 2015: 59-72.

学目标[1]。同时，多数学者针对在地国际化的本土意蕴，强调高等教育在地国际化不是照搬国际经验的拿来主义，而是基于本土历史传统、发展现状和特色经验的融合性转化。

综上所述，在本书中，高等教育在地国际化是指高校利用多元国际优质教育资源，建设富有本土特色的国际性校园，在校内为学生提供国际化和跨文化教育。

全面理解高等教育在地国际化这一概念需要把握其中的两个中心主张：

一是根植本土，高等教育在地国际化的基点是"在地"，即将"国际化"建立在本土环境之中，而非海外。高等教育国际化没有统一的公式，更没有放之四海而皆准的标准。其中，高等教育在地国际化作为一种重要实践形式，强调超越"流动性"的国际化理解，发展区别于"跨境国际化"的新型高等教育国际化形态，实现不出国境便能接受国际化教育。在传统认知中，高等教育国际化往往被等同于人员（特别是学生）在地理空间上的跨国流动。就高等教育在地国际化而言，人员跨越国界的空间流动并非必要，通过本土教育要素与教育体系的国际化也能够达到同样的目标，并可以具备海外国际化欠缺的差异化优势，如普惠的公平性、本土资源的特色利用和内外资源的融合性创新等。

二是全球视野，高等教育在地国际化的关键是"资源"，即兼容并蓄地将全球优质的教育资源系统引入本土，并基于本土需要，进行国际化教育资源的转化利用。高等教育在地国际化的目标是通过引入系统的、多元的国际化资源，培养高层次国际化人才。其中，课程国际化是核心，即将国际跨文化视角融入课程的内容编制、教材选用和评估中。这一课程国际化是广义层面的，既包括学校制定的可测量与评估的正式课程，也包括游离在教学计划之外、难以测量与评估的非正式课程，如

---

[1] 张伟，刘宝存. 在地国际化：中国高等教育发展的新走向［J］. 大学教育科学，2017（3）：10-17，120.

校园环境、校园文化、历史传承、校风学风、课外活动等①，还包括在课程中发挥核心作用的教师与技术等支撑性的教学资源。总体而言，将国际化资源因地制宜、自主性地嵌入本土化发展战略的需要之中，是高等教育在地国际化的核心要义。

二、价值意蕴

在理解何谓高等教育在地国际化的基础上，一个值得进一步思考的命题是"高等教育为何要推进在地国际化"。这就涉及高等教育在地国际化的实践价值问题，亦即其具有的多元社会意义。其中，普惠的公平性、发展的全面性以及更优的效率性是高等教育在地国际化最具共识性的三个价值意蕴。

（一）普惠的公平性

高等教育在地国际化是进一步推进教育公平，为全体学生提供高等教育国际化的必要路径。在高等教育国际化不断普及的时代背景下，越来越多的学生获得了出国交流的机会，可以更为便捷地接触跨文化与国际性事物，拓展国际视野并走上发展成为国际化人才的道路。但相关数据也显示，能够切实享受到高等教育国际化红利的学生群体只是少数，多达90%的学生出于家庭条件、文化适应、心理障碍等种种原因，仍旧无法参与国际化学习。作为高等教育国际化的发祥地，欧洲在世界高等教育体系中颇具竞争力，其高等教育领域体量最大的"伊拉斯谟"计划（Erasmus Mundus）在2014—2020年间发布了超过11万个跨国流动项目，项目参与者超过500万人，有130万家机构组织参与项目的开展与实施，其中高校学生跨国流动人数共计超过100万人，高校教育研究者、管

---
① 兰思亮，马佳妮. 在地国际化：嬗变、实践与反思［J］. 比较教育研究，2021（12）：98-107.

理者流动人数超过40万人①。即便这一项目极大拓展了高等教育国际化交流合作的深度与广度，具有划时代的意义，但是这种努力的收益仅能惠及10%左右的学生，剩下90%的人依旧没有机会得到跨文化教育的熏陶②。在高等教育国际化成为共识的今天，"出境流动"的前提却成为多数学生无法跨越的门槛和藩篱，限定着高等教育国际化的边界，也使每个学生都有机会享受同等的国际化教育成为一个美好但奢侈的愿景。

为此，相比于传统高等教育国际化存在的先天不足，高等教育在地国际化主张围绕更多学生的现实需要，为学生通过不跨境流动的方式接受国际化教育提供新的可能。正如瑞典马尔默大学提出的核心价值观"真正负责任的国际化在于为全体学生提供平等的教育机会和学术自由"，高等教育在地国际化追求更加普惠的公平性，"着眼于为所有学生，尤其是为无法跨国流动的、在本土接受高等教育的学生提供国际化与跨文化的课程，它超越了以往高等教育国际化过程中将人的地理空间位置移动视为必需，而将目光转移至本土高等教育机构中的课程、教学、管理、评估等方面的国际化"③。概言之，在更为广泛的公平性意义上，这种"在地化"创新使高等教育国际化对于更多的学生不再遥远，而是具备了更多可及性。

（二）发展的全面性

在社会层面更加广泛的公平性之外，高等教育在地国际化对于发展中国家的全面发展而言，具有兼顾发展与安全、短期与长期等双重价值目标的独特意蕴。一方面，在传统高等教育国际化模式下，发展中国家普遍缺少办学、教学和管理等方面的自主性，而在地国际化模式可以较

---

① 李英."伊拉斯谟+"计划：欧盟高等教育政策新进展［J］. 高等教育研究，2014（12）：89-94.
② 张伟，刘宝存. 在地国际化：中国高等教育发展的新走向［J］. 大学教育科学，2017（3）：10-17，120.
③ 兰思亮，马佳妮. 在地国际化：嬗变、实践与反思［J］. 比较教育研究，2021（12）：98-107.

好地解决这一问题。教育内容与过程依附于境外，学生成长也置身域外环境，不利于本土国家文化的传承。而高等教育在地国际化可以较大程度规避这一问题，在办学、教学、管理、评价等方面的"根植本土"有助于在借力国际先进教育资源的同时，更多融入本土特色、本土需求和本土关切，实现更加全面、安全且可持续的高等教育国际化发展。

另一方面，在传统高等教育国际化模式下，发展中国家面临大量人才流失的隐性成本，而在地国际化模式能够在一定程度上扭转这一局势。在通过传统高等教育国际化途径培育国际化人才的同时，发展中国家的大批留学生往往难以学成归国，而是"一去不复返"地留在生活和工作环境相对优越的较发达国家，导致本土社会出现一定程度的"人才空心化"问题，极大削弱本土国家的持续发展潜力。而在高等教育在地国际化的发展模式下，发展中国家可以较大程度地在本土培育国际化人才，在吸收更多国际化教育资源的同时，将培养出来的国际化人才更多地留在本土，投入本土国家建设和社会发展进程。在这个意义上，更高的人才培养产出率和更多投入本土建设的国际化人才，是高等教育在地国际化的一个重要价值旨归。

概而言之，高等教育在地国际化具有减少国际化潜在风险和间接成本的深刻意蕴，有助于在对标先进和守住底线、兼顾当下和着眼未来的双重维度上，服务于国家本土综合实力和竞争力的持续提升。

（三）更优的效率性

相比于单纯关注人员跨境流动的国际化教育，在地国际化是提高高等教育国际化效率的更优选择。高等教育在地国际化进一步打破了国际化教育的时空限制，使更多的学生和教师可以突破空间阻隔，不用出国就能享用到国际化学习平台的前沿资源，更低门槛地实现通畅的国际交流，大大降低了个人需要承担的跨境成本和学习成本。同时，既有研究也已表明，高等教育在地国际化在具备更高的时空效率的同时，并未以牺牲教育质量为潜在代价。例如，索里亚（Krista M. Soria）等西方学者在2011年对美国超过21万名本科生的跟踪研究中，发现具有跨境学习（study abroad）经历的学生与接受在地国际化教育的学生相比较，前者在全球性（global）、跨国性（international）和跨文化能力（intercultural competence）等方面没有表现出足够的优势[①]。而进一步从无须跨境所节省的时间成本和生活适应周期等关联要素看，接受在地国际化教育的学生无疑具有整体上更优的综合性效率收益。

总体而言，"超越流动性"既是高等教育在地国际化的核心主张，也是其区别于跨境国际化的根本要义。更加普惠的公平性、发展的全面性以及更优的效率性等，共同赋予高等教育在地国际化独特的价值意蕴，使其在全球国际化教育体系中具有不可替代的发展地位。

---

① 张伟，刘宝存. 在地国际化：中国高等教育发展的新走向［J］. 大学教育科学，2017（3）：10-17，120.

第二节
历史嬗变：变迁与探索

从历史起源与发展历程看，高等教育在地国际化既建立在传统高等教育国际化自然发展与经验积淀的基础上，也得益于国家自主发展的内生性需求和21世纪以来信息技术进步提供的硬件支撑，是世界高等教育模式自我演进与外部社会主客观条件共同作用的结果。同时，中国本土的高等教育国际化经历了一个长期曲折前行、徘徊演进的摸索过程，虽滞后于西方发达国家，但在高等教育在地国际化发展阶段跟进较早，且基于或被动或主动的前期实践基础与社会土壤，近年来取得了较为显著的建设成效。如何在进入新时代的高等教育发展环境与需求条件下，破解高等教育在地国际化实践中存在的碎片化、片面化、短期化和表面化等发展桎梏，持续推进高等教育在地国际化提质增效，已成为中国建设高等教育强国和加快推进教育对外开放进程中的一个重要理论命题和实践主题。

一、在高等教育变迁中的起源与发展

作为一个新术语，"在地国际化"并不是一个全新的实践范式，而是高等教育在新的历史条件下发展的新阶段和新方向。其中，高等教育国际化的发展共识和成熟实践为高等教育在地国际化创造了主客观条件，使高等教育在地国际化成为可能，而高等教育在地国际化的新探索为高等教育国际化打开了新的发展空间。在这个意义上，"在地国际化"不是以跨境流动为主要特征的传统国际化的替代方案，而是两者相辅相成，

共同构成了高等教育国际化的完整样貌，也代表着世界高等教育发展进程的最新形态。

（一）前期基础：酝酿于高等教育的国际化进程

从高等教育扮演的社会角色看，高校在经历了以教学为使命，科研为支撑，社会服务为方向的发展定位演进基础上，国际化逐渐成为一个新的时代潮流，为进一步孕育出在地国际化模式提供了前期观念基础和实践基础。

作为"在地国际化"前期基础的世界高等教育国际化是一个不断演进和嬗变的过程。从近千年的中西方高等教育发展史看，国际化是高校自诞生之日起就具有的本质属性，既是高等教育发展的本性使然，也是高等教育发展的内生原动力。例如，在古希腊时期，"国际性"的"游学"和"游教"之风便已盛行，柏拉图的学园、亚里士多德的吕克昂都是著名的"国际性"高等教育机构。其后，作为现代大学的直接起源，中世纪大学被称为黑暗时代的"智慧之花"，在其诞生之初就具有显著的国际性色彩。中世纪大学的学生通常在一所最近的大学开始学习，然后在另一个国家或几个国家的大学完成学业，一所大学的学生可能来自几个甚至十几个国家。同时，大学具有迁徙权利，推动了大学与师生在欧洲范围内不断地进行学术交流。而拉丁语作为统一授课语言，也使欧洲整个课程体系逐渐通用化，进一步推进了中世纪大学的国际化。此外，在"普法战争"之后，洪堡、费希特等一批新人文主义学者创建的柏林大学开创了近代大学的模式，为高等教育国际化的"继起"拉开了序幕。以柏林大学为代表的德国大学不仅对美国、法国、英国，还对日本、希腊、荷兰、比利时、俄罗斯、丹麦、挪威、瑞典等国家产生重要影响，世界各国赴德的留学生络绎不绝，极大推进了欧洲乃至世界高校的国际化实践。

其后，在第二次世界大战以后，西方国家的高等教育进入高速发展期，加之全球经济一体化发展进程的持续推进，高校国际化的步伐持续加快。其中，美国、英国、澳大利亚等国家的知名学府相继提出了国际化的人才培养和发展目标（见表1-1）。欧盟也于1999年启动了"博洛尼亚进程"（Bologna Process），主要目的便是促进教师和学生流动，建立相同的高等教育三级学位体制（学士、硕士、博士），扫除学位和学历相互承认的障碍；其后，又于2003年提出"伊拉斯谟世界计划"（Erasmus Mundus）的高等教育项目，要求欧盟各大学设立联合课程和联合学位，为教学和科研增加国际合作色彩。对此，有学者以世界一流大学为研究对象，结合排名信息及地理位置，从US News、ARWU、THE、QS四大世界一流大学排行榜2019年排名前50的大学里抽取四者所共有的20所大学，对它们的使命文本进行词频分析，发现在国际化方面表现出明显的共性特征，"全球（global）""世界（world）""国际（international）""连接（connect）""国家（nations）"等作为文本中的高频词，占据了较大的篇幅①。

表1-1 部分知名高校的国际化教育目标

国家	高校	国际化教育目标
美国	麻省理工学院 Massachusetts Institute of Technology	把服务于国家作为首要的和最重要的原则，但要认识到这需要全球性的参与、合作与竞争
	华盛顿大学 University of Washington	国际理解和交流
	密西根大学 University of Michigan	为全世界服务
	宾夕法尼亚州立大学 The Pennsylvania State University	全球校园

① 郄海霞，李莹. 世界一流大学的使命特征研究：基于20所世界一流大学使命文本的分析［J］. 中国高校科技，2020（10）：4-8.

续表

国家	高校	国际化教育目标
英国	剑桥大学 University of Cambridge	最好的大学也是最为国际化的学府,此等学府不仅应具备胸怀天下之志,也应具备"让世界更加美好"的实力
澳大利亚	八校联盟(G8)	国际公认的、处于引领地位的精英大学

同时,在西方国家之外,亚洲各国也在这一进程中提出了加快高等教育国际化发展的目标,譬如日本政府推出了"留学生30万人计划""英语授课的国家标准化支援事业""全球顶级性大学计划(Top Global Project)"等一系列高等教育国际化项目;印度大学拨款委员会为高等教育国际化制订了行动计划,提出通过建立印度国际教育中心(India International Education Center)实施国际化活动。在中国,尽管高校的基本定位被认为是"以培养人才为中心,开展教学、科学研究和社会服务"①,但国际化教育在实践中也普遍被国家教育政策和高校列入总体发展目标,众多高校也设立了外事处、国际合作处等相关机构。尤其是近年来国内"双一流"建设高校纷纷将国际化发展作为学校面向未来的重要战略,如清华大学2016年提出了《清华大学全球战略》,浙江大学于2018年和2019年发布了《浙江大学全球开放发展战略》和《浙江大学全球开放发展战略行动计划》,哈尔滨工业大学确立了"国际会议有声音、国际组织有地位、国际杂志有文章、国际合作有伙伴"的"四有"标准,形成了"学校为主导、院系为主体、师生为核心、项目为支撑"的工作格局。这些都是国际化被普遍作为高等教育和高校发展目标的重要表征。

总体来看,国际化的目标设置内含于高等教育的多重社会角色之

---

① 笔者注:参见《中华人民共和国高等教育法(2018年修正)》第三十一条,"高等学校应当以培养人才为中心,开展教学、科学研究和社会服务,保证教育教学质量达到国家规定的标准"。

中，也被视为高校的一个基本要素，而"在地国际化"作为高等教育国际化的深度形态，同样根植于高等教育和高校社会角色的历史变迁中。在这个意义上，高等教育国际化的进程亦是"在地国际化"的前期孕育过程，高等教育国际化的理念与实践经验都构成了"在地国际化"生根发芽并适时破土而出的土壤。只是在"在地国际化"理念形成之前，世界流行的高等教育国际化发展目标存在时代局限性，主要被定位在提高学校知名度、吸引全球一流的生源、获得顶级师资队伍和教学资源、开展世界知识前沿领域研究合作等方面，以单一的知识和学术国际化为基本特征，主张通过知识、学者和学生等的国际性流动，产出人类社会共同的知识、杰出人才和科技成果，实现知识的无国界传播和共享。在高等教育国际化进程的历史早期和二战之后的高速发展初期，这一特性实质上并无二致，而主要是范围与程度之别，都未明确地提出和系统化探索"在地"发展路径。

（二）催生动因：成形于国家自主发展的现实性需求

在高等教育国际化的进程不断扩展的趋势下，"在地国际化"模式伴随着民族国家对高等教育国际化的更高层次需求而诞生。进入现代社会以后，全球高等教育在呈现开放性、同一性和互动性特征的同时，追求自主发展的各国家，尤其是发展中国家对高等教育国际化的均衡发展提出了新的需求，而信息技术的发展也为满足这些需求提供了新的工具支撑，高等教育在地国际化模式应运而生。

在内生需求层面，传统高等教育国际化存在跨境流动的客观约束，促使众多民族国家探索在地国际化的新形式。如前所述，传统的高等教育国际化形式注重跨境流动，成本高昂、覆盖面窄，导致其国际化人才培养模式在学生受惠群体上存在不均衡、不充分的缺陷，并衍生出本土人才流失问题。其实，这些问题不仅是发展中国家面临的现实障碍，也是早期欧洲多数国家面临的困境。英语课程开发和学习对于欧洲大学师生同样是挑战，英语与本国语言课程的融合发展是必然选择，但为保持教育和文化的相对独立性，避免全盘英美化，在接纳国际化教育的同时提供本国文化和语言课程也是其内在需求。因此，具有更加普惠的公平性、发展的全面性和更优的效率性等价值意蕴的在地国际化模式在1999年被首次正式提出，并在实践中快速扩展至众多国家。例如，欧盟委员会在2013年出台《世界图景中的欧洲高等教育》报告，将"在地国际化"正式纳入官方文件；根据欧洲国际教育协会（EAIE）的统计数据，截至2015年，56%的欧洲大学已经将在地国际化纳入学校的战略规划，64%的学校宣称将会采取实质行动来推进这一进程；同时，欧洲国际教育协会成立了在地国际化特别兴趣小组，设立了期刊专栏并面向高校组织"在地国际化"的相关培训。

在外部条件层面，信息技术的进步使高校在本土为学生提供系统的国际化教育成为可能，构成了各国践行高等教育在地国际化的硬件支撑。随着互联网及通信技术的发展，线上与线下互动、实体与虚拟结合等更加灵活多样的国际化教育手段可以被应用于本土情境中，虚拟课堂和线上交流学习等数字化学习媒介极大拓宽了高等教育在地国际化的教育资源，提升了高等教育在地国际化的载体质量和交流水平。在高等教育国际化发展中积累的人才培养、学科建设、课程设置、师资队伍建设、学生管理和人员交流等经验基础上，信息技术的上述赋能和支撑作用为将这些成熟资源引入本土、服务本土提供了工具，创造了更加广阔的高等教育在地国际化交流平台和合作空间。

概言之，"在地国际化"并非高等教育国际化自然发展的结果，而是建立在各国对高等教育国际化的更高需求，以及社会技术条件发展成熟的客观支撑上。高等教育国际化模式伴随着社会对高校发展的需求变化而不断得到确认,是在世界高等教育国际化发展的特定历史时期下,社会主客观条件共同发挥作用的系统产物。

二、中国本土的早期探索与持续演进

从中国本土情况看,多种形式的高等教育在地国际化实践在21世纪之初便开始涌现,使中国成为较早融入世界高等教育在地国际化发展浪潮的国家。同时,在正式开启世界主流意义的高等教育在地国际化探索之前,中国近现代社会已经历过数个高等教育在地国际化雏形的早期摸索阶段,初步形成了较好的历史基础和创新土壤。

(一)曲折前行:历史基础与早期摸索

早在西方"在地国际化"概念正式提出之前,中国本土的高等教育在地国际化相关实践便已出现,并经历了多个发展阶段。对此,参考学界较为公认的对中国现代大学国际化发展时期的划分,可以将中国高等教育在地国际化的早期实践分为六个阶段:一是辛亥革命前的移植西方模式阶段;二是北伐统一前的现代大学成形阶段;三是1949年前的曲折徘徊阶段;四是20世纪五六十年代的学习苏联阶段;五是"文化大革命"十年期间,国际化发展基本停滞阶段;六是改革开放后到现在的恢复和发展阶段①。

在以上六个阶段的摸索过程中,中国高等教育在地国际化的相关探索存在不同发展导向。前四个阶段的相关实践主要以学习西方主流国家的高等教育模式为主,在或被动或主动发展的曲折辗转中徘徊前行,并在第五个阶段陷于基本停滞状态。改革开放伊始,中国意识到高等教育水平与国外大学的巨大差距,开始有规划地推动高等教育国际化的

---

① 中国地质大学国际合作处 港澳台事务办公室. 中国高校国际化的问题与对策[EB/OL]. (2018-01-09)[2022-08-01]. https://gjhzc.cug.edu.cn/info/1088/3195.htm.

发展。其中，在国际化人才引进和科研成果评价等方面呈现在地国际化发展的雏形。但在总体上，这一时期的相关探索呈现显著的急功近利和短期化行为特征，在地国际化的理念尚未明确提出，众多高校也往往将国际化的相关举措视为一种策略和工具，主要依靠重金投入引进碎片化的人才与科研成果，实现学术成果发表数量的快速增长，而很少涉及根本性的教学、科研与管理的制度变革[①]。

（二）后发再生：现代理念与多样实践

进入21世纪之后，随着在地国际化的概念在西方提出并传入中国，高等教育在地国际化的发展目标开始在中国被明确提出，并在付诸实践的过程中从前期的曲折摸索步入了快速发展的后发再生阶段。在理论研究与政策助推的双重驱动下，中国这一时期的高等教育在地国际化实践步入了有条不紊的多样化探索阶段，并提出了本土化推进和彰显中国特色的发展命题。

1. 发展理念的初步共识与模糊尚存

在发展理念上，高等教育在地国际化的理念得到学界和业界的广泛讨论，初步形成了较为明确的发展思路。目前，国内对于高等教育在地国际化的理论探讨已经初具规模。相关探讨主要围绕高等教育在地国际化的概念界定、历史缘起、发展背景和实践路径等议题，在高等教育在地国际化的发展方向上形成了初步共识。其中，主流观点主要从国际化教育的普惠性角度，指出通过在地国际化促进高等教育资源的公平分配，转变人们对高等教育国际化的认知，建设高校在地国际化的适宜环境，完善高校在地国际化的实施机制，帮助高校取得较好的社会、经济和文化效益[②]。

---

① 中国地质大学国际合作处 港澳台事务办公室. 中国高校国际化的问题与对策［EB/OL］.（2018-01-09）［2022-08-01］. https://gjhzc.cug.edu.cn/info/1088/3195.htm.
② 刘宝存. 国际化学习，本土化改造［J］. 上海教育，2012（2）：9.

同时，另一种主流观点强调从中国特色的国际化教育角度出发，通过"拿来主义"突显自我特色，"为我所用"地推进具有本土特色、顺应国家发展需求和全球潮流的在地国际化。例如，有学者提出将在地国际化与时代背景以及具体国情结合，加大中国特色国际课程体系的建设，把在地国际化放在四大宏观背景下考量，即：在两个大局激荡交织的变局中考量，在国内国际双循环相互促进的格局中考量，在"一带一路"的布局中考量，在国内在线教育迅猛发展的新局中考量①。"国际化人才培养的关键环节包括两个方面：一方面是扎根本土、夯实中国内涵；另一方面是囊括全球视野，懂得不同文化（甚至文明）间的差异。这样一种对于国际化的理解才能真正为在地国际化的开展提供鲜活自由的思想氛围和价值支撑"②。不过，尽管提出了彰显"中国特色"的主张，但相关探讨主要是宏观性的。究竟通过哪些有针对性的课程设置、科学的教学管理体系、有效的评价指标设计等措施，将中国特色目标落于实地，目前仍缺乏系统的探讨。高等教育在地国际化的实施机制和有效路径问题尚未得到明确厘定，在微观操作层面仍然存在诸多模糊之处。

2. 实践探索的全面启程与初步成效

近年来，随着高等教育在地国际化理念在中国的广泛传播及其内涵的不断丰富，国内自上而下的相关实践探索也得到了较大发展。相关实践涵盖了中外合作办学、课程国际化、师资国际化、来华留学教育等诸多方面，并在近20年的发展积累中取得了初步成效。

首先，在形式上，中外合作办学是中国高等教育在地国际化实践的主要样态。自2003年《中华人民共和国中外合作办学条例》（简称"《条例》"）颁布以来，中外合作办学风潮在中国全面铺开，作为一种"不出

---

① 蔡永莲. 在地国际化：后疫情时代一个亟待深化的研究领域［J］. 教育发展研究，2021（3）：29-35.
② 张伟，刘宝存. 在地国际化：中国高等教育发展的新走向［J］. 大学教育科学，2017（3）：10-17，120.

国门的留学"的在地国际化重要形式，在推动中国高等教育改革、高校国际化发展、拓宽人才培养路径、满足人民多样化优质教育需求等方面发挥了积极作用。截至2021年10月底，中国经由教育部批准或备案的中外合作办学机构和项目数量已达2447个，其中本科以上机构和项目1295个。通过中外合作办学，中外高校间广泛开展了学生联合培养、教师互访讲学、学术科研合作、合办学术会议等全方位多形式的合作，合作主体也日益由双边拓展至多边，形成了较为有效的优势互补、资源共享的联盟式合作。在具体的实践成效上，一方面，中外合作办学提升并完善了国内高校的课程教学体系，为学生在国内提供了更好的国际化师资、教学资源和教学理念。另一方面，中外双方教师在中外合作办学过程中互相学习，本土教师拓展了国际视野，提升了国际化授课能力和跨文化交流能力。

其次，在内容上，课程国际化与师资国际化是中国高等教育在地国际化实践的主要方面。在近年来的高等教育在地国际化探索中，国内高校一方面重视构建国际化课程体系，促进双语/全英教学，通过国际化课程向学生提供国际化学习体验，增进学生对多元文化的理解，提升学生的国际化意识和能力。例如，西南大学开设"国际课程周""国际课程云课堂"，邀请了来自牛津大学、剑桥大学、耶鲁大学和普渡大学等55所大学或科研机构的85名教授，开设全英文专业课程，并将修学2个国际学分作为自2022年起本科学生毕业的必要条件。另一方面，国内高校普遍重视通过"引育并举"的方式，加快师资国际化建设。该方面举措主要通过实施海外人才引进计划，汇聚全球优质人才资源，以及通过培育本土人才的国际化能力，完善学校一流师资队伍建设。例如，上海交通大学通过践行人才引进和培育两项工作并举的人事体制改革，汇集了诸多具备国际水平的师资力量，且多项指标接近世界一流院校；2014年，国家外国专家局、教育部共同启动的"国际化示范学院推进计划"也是中国高等教育在地国际化实践的一次重要探索，有助于高校院系引进海外高层次专家团队，建立国际教学试验区，打造国际化示范学院，从而推动中国高等教育国际化的师资力量实现跨越式升级。

最后，在战略上，来华留学教育是中国当前加强探索的高等教育在地国际化发展体系中的又一重要组成部分。随着经济全球化进程的加快以及中国国际影响力的不断扩大，越来越多的国际学生选择来华求学。在此背景下，中国将来华留学作为高等教育在地国际化的一个有机组成，从为构建人类命运共同体，提升中国教育国际影响力，以及增进中外人民的相互了解和友谊等提供有力支撑的高度，加以推进，推动来华留学教育迅速发展。来华留学教育已成为中国高等教育在地国际化发展的又一增长点，也使得中国高等教育在地国际化实践兼具初级与高级形态，呈现多种时态混合发展的特征。目前，国内众多高校将来华留学作为一项重要发展指标，加大了招收和培养力度。根据IEE的数据，中国来华留学人数呈现逐年上升趋势，已从2013年的32.8万人上升至2019年的49.2万人，中国已成为世界第三、亚洲最大的留学目的地国[①]。

总体而言，中外合作办学、课程国际化、师资国际化、来华留学教育等实践都为中国进一步探索在地国际化发展模式奠定了良好基础。不过，由于发展路径研究尚存在模糊性和既有实践仍处于探索初期，中国既有的高等教育在地国际化实践也存在大量碎片化、片面化、短期化和表面化工程问题，教学研究质量亟待进一步提升。中国有必要在高等教育在地国际化发展战略和建设举措等方面做出新的突破性探索，为助推实现国家发展战略和社会进步作出新的时代贡献。

---

① 前瞻产业研究院. 2021年国际留学生来华留学市场现状及发展趋势分析 五大方面促进来华留学高等教育发展［EB/OL］.（2021-07-17）［2022-07-11］. https://www.qianzhan.com/analyst/detail/220/210716-7d04d49c.html.

第二章

高等教育在地国际化的组织机理

明晰高等教育在地国际化的组织机理是透过表象看实质，从而理解高等教育在地国际化的宏观架构和微观运行过程的首要步骤。整体而言，高等教育在地国际化基于立足实际与发挥自身优势的行动出发点，在组织要素构成上呈现以本土化载体为核心，以国际化资源和自主化管理为两翼的基本特征。在具体的运作机制上，则体现为"吸纳—嵌合—引领"三位一体的"内外融通"机制，在"由外而内"的资源汇聚、"以内化外"的本土转化和"由内而外"的输出展示逻辑上，形成了高等教育在地国际化的立体性行动理路。

第一节
要素构成："一核两翼"

高等教育在地国际化主要以本土化载体、国际化资源和自主化管理为三个基本要素。其中，本土化载体是高等教育在地国际化建设的核心要素，国内和本地的教育政策、校舍、基础设施和文化氛围等都属于这一范畴。只有依托适应高等教育在地国际化的本土载体，国际化资源的引入和自主化管理的开展才能拥有实现载体。而作为两个支撑要素，国际化资源是连接"在地"与"国际化"的桥梁，强调通过国际化课程和师资，传递国际教育和发展理念，使学生习得国际化知识，培养国际化能力，树立国际化意识，最终全方位提高国际化素养①；自主化管理是高等教育在地国际化落到实处的保障，指向适应于本土的管理手段与体制。

整体上，"本土化载体""国际化资源"和"自主化管理"三个要素共同强调，高等教育在地国际化要以扎根于国内高等教育系统为前提，以我为主地吸纳有益于自身发展的国际教育资源，其并非对国际化资源不加辨别地照单全收，而是民族化与国际化的互嵌。

一、"一核"：本土化载体

本土化载体是实现高等教育在地国际化的核心要素，只有形成适应高等教育在地国际化的本土化载体，引入国际化资源以及实行自主化管理的工作才能得以开展。然而，要营造本土化的高等教育国际化载体，

---

① 陈炳君. 以国际化课程为核心推动在地国际化［J］. 神州学人，2021（8）：32-35.

并不是盲目将国外高等教育要素复制到国内，而是有着扎根本土、和而不同、双向互动等更高要求。

首先，高等教育在地国际化不是"简单移植"而是"扎根本土"。高等教育在地国际化与传统高等教育国际化存在一个根本区别，即为学生创造在本土接受国际化教育和接触多元文化的机会。这一价值取向并非基于"简单移植"实现，也并非能够简单地通过增加交换生和在校留学生的数量，多召开几次国际会议或者多聘请几位外国教师，多开设几门外语课程，抑或多开设几个"国际日"等方式就能达到要求，而是要通过基于本土情境构筑本土化载体，发展出适应本土校园空间、文化基础、发展需要的国际化教育理念、教育内容和教学方法等，实现"本土"对"国际"的系统的物理性整合和化学性融合。

其次，高等教育在地国际化不是"一味趋同"而是"和而不同"。在当前经济全球化和国际交往日渐复杂化的趋势下，许多国际通行的活动准则与技术标准被建立起来，世界范围内的高等教育似乎有了统一可量化的"量尺"。尤其是由于各类大学排行榜林立，众多大学都选用相似的指标来评价自身高等教育水平，使世界范围内高等教育的评价呈现"趋同"趋势。各类发展中国家大学也在这种趋势下，为了不游离于世界规则之外和放弃与国际高等教育界对话的机会[1]，主动融入其中。但是，高等教育存在不可避免的民族差异性和本土化发展需要，高等教育国际化不应以同质化为结局，而需要采用必要的本土化措施，立足本土、明确定位和发展特色。

最后，在地国际化不是"单向流动"而是"双向互动"。传统高等教育国际化常常停留在以学习、引进为主的单向性输入层面，缺少"引进"和"输出"双向互动的可持续性国际化。同时，国际化教育资源输

---

[1] 王俊. 东京高等教育国际化进程：趋势与反思[J]. 世界教育信息，2019（4）：46-50.

入国自身内部蕴藏的丰富优质的高等教育资源又往往得不到充分重视和发掘，限制着高等教育国际化发展的内在潜力。对此，高等教育在地国际化在强调引进国外优质教育资源的同时，主张不妄自菲薄，不忽视本土化特色和优势，在国际化进程中充分开发国内优质教育资源。

二、"两翼"：国际化资源与自主化管理

国际化资源与自主化管理是实现高等教育在地国际化的支撑性要素。在内在意蕴上，吸收国际前沿的教育资源和树立自主化的管理模式之于高等教育国际化的实践地位，与中国当前强调的以国内大循环为主体、国内国际双循环相互促进的方式来构建国家新发展格局具有异曲同工之处。二者共同指向在更大范围、更宽领域、更深层次的内外互嵌中①，更好地迎接高等教育国际化变局，开创优质高等教育国际化新局。

（一）国际前沿的教育资源

高等教育在地国际化的基本目标在于利用国际先进资源优化国内教育，培养国内的国际化人才，因而领导层明确国际化发展理念，教师层培养国际化师资队伍，教学层建设国际化课程体系，平台层营造国际化校园氛围具有十分重要的意义。当前，随着世界多极化和经济全球化深入发展，人力资源和物质资源的跨国、跨地区流动成为新常态。在教育领域，利用好这种国际流动中的前沿教育资源，成为高等教育在地国际化的基础要件。

在资源构成上，高等教育在地国际化的前沿资源主要包括多元的师资、国际化的课程、与世界接轨的教材等。在地国际化作为高等教育体系变革的一个创新路径，归根结底是要回归高等教育的核心使命——培

---

① 韩亚菲. 中国高校国际化发展新动向：基于北京大学燕京学堂、清华大学苏世民书院案例的分析[J]. 教育学术月刊，2017（5）：14-19.

养能够在一个流动性日益加强的国际化环境中生存、工作并能作出重要贡献的人才。而要培养这样的人才，离不开国际化前沿资源的支持。同时，高等教育在地国际化建设是一个完整的体系，有必要从国际化理念、人才流动、师资配备、课程开发与建设、办学环境等方方面面，系统结合国际化课程的需要，循序渐进地拓展全英教学形式，充分利用优质的海外教育资源，有针对性地引进外籍教师讲授专业课程。

从资源前沿性看，高等教育在地国际化注重与国际接轨，向顶尖看齐，给学生提供高质量的国际化教学平台。高等教育在地国际化在吸纳国际教育资源的过程中，强调重视外籍教师占比的提升，增强课程的"国际通用性"，以及全面构建国际化高质量通识课程体系。在专业设置上，优先发展国际前沿学科、高精尖研究方向，突破文理界限，并实施严格的内部质量管控，从入学要求、课程设置、学位授予等方面着手[1]，确保教学质量的国际认可度。

从整体功能看，国际化资源构成了高等教育在地国际化的关键支撑。前沿的国际化课程、教师、专业等有利于形成国际化教学氛围，搭建在地进行国际化教育的基础性和优质平台，在聚焦世界高等教育发展动态的过程中，有效培养具有国际视野的创新性人才。

（二）自主性的管理手段与体制

在高等教育在地国际化过程中，自主化管理是指在主动引入国际化前沿资源的同时，配套适应于本土的管理手段与体制。自主化管理既是从实际出发，确立有效的高等教育在地国际化路径的需要，也是因地制宜地摆脱"拿来主义"教育桎梏的需要。

早在高等教育在地国际化概念提出之初，便有学者对其适用性提出

---

[1] 席春玲，黄日暖. 在地国际化：基础教育国际化发展的龙华探索[J]. 广东教育（综合版），2021（8）：10-13.

质疑。对于美国、加拿大等移民国家而言，其社会以多元文化为基本特征，高等教育在地国际化的实施是一个"内发"过程，而对于发展中国家来讲则不然。同时，高等教育在地国际化的理念生成于西方高等教育发展的历史情境，服务于西方国家的高等教育发展需求、政治发展议程和文化发展诉求，因此不可避免地内嵌了西方流行的教育方式和价值倾向。从中国式现代化经验看，对于非西方国家而言，如何保持本土化特色是一个不可避免的现实议题。

在操作层面，高等教育在地国际化的自主化管理主要指向办学模式、课程设计、教学评估等方面的以我为主，在国际化与本土化兼顾的基础上，更好地推动高等教育在地国际化适应性发展。这要求管理部门和学校在政策上，有针对性地进行本土性的高等教育在地国际化的顶层设计，注重制度设计和教学安排的前瞻性与民族性，注重"引进来"与"走出去"相结合。在面向世界，以开放的心态和全球化的眼光引入国际化的前沿资源的同时，发挥主观能动性和创新教育教学方法，构建符合本土情境和本国需要的自主化管理模式。

第二节
运作机制："内外融通"

从运行过程看，高等教育在地国际化的实现主要依托三个核心机制：吸纳机制、嵌合机制与引领机制。三个机制分别以"由外而内"的资源汇聚、"以内化外"的本土转化以及"由内而外"的输出展示为内在逻辑，使引进国际优质教育资源、推动本国高等教育发展、培养国际化人才以及提升高等教育世界影响力等高等教育在地国际化目标得以实现。

一、吸纳机制："由外而内"的资源汇聚逻辑

高等教育在地国际化的吸纳机制是指"由外而内"地广泛汇聚国际化高等教育资源，取其所长，为我所用。在目标上，高等教育在地国际化的吸纳机制旨在兼容并蓄地将多元国际化教育资源深度集聚到本土，以联通全球的态势搭建高水平合作平台，将国际化教育资源高效、动态、有选择性地"引进来"，从而让学生在本国和本校就读期间就能接触到国际化教育理念和多元文化。在这个意义上，吸纳机制的使用及其成效是高等教育在地国际化的资源供给质量的关键影响因素。

在操作形式上，高等教育在地国际化的吸纳机制主要体现为设立各类国际交流平台、项目和活动等，譬如开展外籍教师的引进工作，引进具有海外留学经历的高层次人才；邀请国外学者"进校园"，举办国际讲座、前沿论坛等；通过教师间合作网络搭建国内外学校合作平台，进行跨校园的课程衔接，或联合开发国际化课程，促进国际化课程的共用

和共享;通过扩大留学生规模的方式,吸引全球高层次人力资源;在本土之外常设国际交流办事处,搭建"身临其境"而稳定便捷的高等教育资源识别与引进渠道①。总体上,这些活动的共同指向是通过平台载体建设,打通国外高等教育资源进入国内的汇聚渠道,由外而内地为本土高等教育的国际化发展增势赋能。

二、嵌合机制:"以内化外"的本土转化逻辑

高等教育在地国际化建设的嵌合机制主要是指将从国外吸纳而来的优质资源进行本土性优化,其目的在于使高等教育在地国际化的教学管理模式和人才培育更加适应本国发展需求。

高等教育在地国际化建设的嵌合机制主要以教育理念、价值导向、文化观念等为转化对象,在"和而不同"的逻辑下实现国内外优质教育资源的优势互补。以中国为例,高等教育在地国际化的建设有必要平衡本土历史文化和西方思维,妥善转化不适合中国情境的西方教育模式和价值观念,使之入乡随俗地适应中国社会文化基础和国家发展需要。同时,通过"以内化外"地彰显中国特色,将中华民族优秀传统文化和教育模式融入世界文化之林②,创造性地探索中国特色的高等教育在地国际化之路,也是扭转西方世界对中国社会及中国高等教育的刻板印象和错误认识的重要方式。

其实,随着世界多极化、经济全球化的深入发展,改革传统"一边倒"的西方高等教育国际化模式是各国所需,"以内化外"的嵌合机制对中国以外的各个国家,尤其是发展中国家而言,都有普遍适用性。正如

---

① 叶启政. 高等教育"国际化/在地化"的吊诡与超越的彼岸[J]. 北京大学教育评论,2017(3):73-91,189-190.
② 谢伟,智路平. 基于AACSB国际认证的地方商科院校国际化建设路径探索:以上海理工大学管理学院为例[J]. 高教学刊,2019(13):14-16.

习近平主席所指出的,"以文明交流超越文明隔阂、文明互鉴超越文明冲突、文明共存超越文明优越",建立在"和而不同"逻辑上的高等教育在地国际化嵌合机制亦是有效构建人类命运共同体的重要内容。

三、引领机制:"由内而外"的输出展示逻辑

高等教育在地国际化的引领机制主要是指在由外而内地实现本土高等教育质量提升的基础上,"由内而外"地向国外输出优秀文化与高等教育育人理念,发挥前沿引领与创新示范作用。引领机制的重要目标是文化自信的输出,以高等教育在地国际化为窗口,对外传播本国高等教育的良好形象。在客观上,引领机制的发挥有利于实现高等教育先进经验的对外辐射,实现高等教育及其在地国际化模式的互学互鉴。

高等教育在地国际化的引领机制重在"由内而外"的输出展示,实现"引进来"与"走出去"相结合的战略转型。这种输出与展示具有多重实践意义:一是有助于经济获益。例如,英国和澳大利亚都力图把高等教育在地国际化作为一种产业向全世界推广,成立专门的全球教育推广机构,负责对外推介本国的教育。在全球范围内,高等教育同时存在着旺盛的需求与有限的供给、充足的教育供给与有限的教育需求之间的矛盾[1]。高等教育在地国际化的一个主要推力是输出国高等教育资源过剩,主要拉力是输入国的优质高等教育资源短缺。在这一供需关系中,寻求和获取教育服务贸易的经济利润是高等教育输出国开辟教育国际市场的原动力。二是有助于提升文化软实力。从英、法、美、澳等国家的实践看,基于对外输出展示逻辑的高等教育在地国际化发展实现了有效的文化输出,并成为树立和改善国家正面形象、提高高等教育国际影响

---

[1] 刘进,高媛,ALTBACH P G. 阿特巴赫谈新冠疫情对全球高等教育国际化的影响[J]. 现代大学教育,2020(6):31-38.

力的重要手段。高等教育在地国际化的输出展示是一个国家高等教育得到世界认可的重要保障机制，是推动本国文化走向世界的有效平台，有利于为本国创造友好、和平、稳定的经济社会交流环境。

从中国情况看，相比于国家实力的增强、政治外交影响力的提升和经济水平的迅速提高，高等教育国际化的世界影响力和话语权有待进一步提升。而随着持续性的实践创新和发展，引领机制将成为中国高等教育在地国际化建设中运用频率不断增高的关键机制。中国的高等教育建设也必将在以中国特色、世界一流为核心，创造性地传承中华优秀传统文化，以及探索形成中国特色的世界一流大学和一流学科的过程中，成为世界高等教育在地国际化改革发展的核心推动者。

第三章

高等教育在地国际化的实践模式

作为一种异质文化的碰撞与融合过程，全球化意味着开放性与多样性，给世界各国的高等教育带来前所未有的机遇和挑战。多元的世界文化形成了高等教育发展的国际化需求，只是受各国经济、政治、传统文化、历史、国际定位与国家未来发展目标等影响，各国高等教育国际化往往朝不同的方向发展。具体从高等教育在地国际化看，不同国家在不同的历史时期、同一国家的不同高校基于特定的发展条件与行动目标，存在"复制""改良""再创"三种不同的高等教育在地国际化实践模式，相关高等教育要素在各个国家之间的流动也存在同一文化体系内的互容性流动与跨文化体系的吸收性弥合等"双重取向"。尤其是对发展中国家而言，高等教育在地国际化的发展在补短板、强优势、促跃升等差异化需求下，存在不同的基础与成熟样态。这些都构成了高等教育在地国际化实践模式的多样性，也从不同侧面呈现了高等教育在地国际化的行动过程与发展重点。

第一节
三大模式：复制—改良—再创

各国高等教育在地国际化的实践常常是通过彼此接触、互相碰撞和吸收借鉴的途径发展起来的。即便是较为发达的高等教育输出国，其在发展过程中也往往经历过在地国际化教育的移植、模仿、吸纳和创新等阶段。根据各国高等教育在地国际化实践的不同阶段或在同一阶段的不同表现形式，可以将目前存在的高等教育在地国际化实践归纳为三个主要模式——复制模式、改良模式、再创模式。通过探讨三大模式的主要内涵与典型特征，可以较为系统地总结高等教育在地国际化发展与变革的宝贵经验，并为进一步的教育实践提供理论参考与实践启发。

一、复制模式：对标性模仿

高等教育在地国际化的复制模式是依照对标国家直接仿造或翻制的一种在本国推行的国际化教育体系。其中，高等教育起步相对较晚或相对落后的国家多对标较发达国家，复制与模仿的重点主要包括所对标国家的教育制度、课程设置、授课语言、成绩认定方式、教学管理模式甚至校服或校舍建设风格，以及从对标国家直接高薪聘请教员进行授课与管理等，形成在本国的"国外教育"。

相对而言，复制模式是较为简单的高等教育在地国际化实践模式，只是照搬教育发达国家的教育体系，便可实现高等教育体系的直接跃升。该模式可以帮助发展中国家在短时期积累初步的高等教育在地国际化元素，同步发展"国际化"与"在地化"，帮助本国学生接触到原汁原味的国际化教育体系。但是，从长期发展来看，这种"拿来主义"存在一定的局限性。一些发展中国家的经济基础较为薄弱，高等教育发展较为滞后，在尚未系统建立起本国成形的高等教育体系时，容易在复制模式下受到外部社会文化的过度冲击，影响本国学生的制度自信和文化自信。这既可能促使高等教育输入国更加迅速地接收对标国家的教育体系，减少传统社会价值观念和民族文化的牵绊因素，达成快速高效的模式复制；也可能落入"文化附庸"陷阱，不仅难以形成真正的"在地化"，还可能在"附庸化"过程中渐行渐远，偏离教育强国的初始目标。

在内在逻辑上，复制模式的高等教育在地国际化主要建立在快速融入世界高等教育主流体系和提升高等教育水平的效率性需求上。在全球化背景下，越来越多的国家期望在国际合作与交往中提升高等教育质量，不断提高自身的国际影响力。在这一过程中，高等教育欠发达的国家基于提升高等教育国际化水平、便利国际交往的战略意图，倾向于在高等教育政策、培养体系、教学内容等方面直接复制国际主流模式。这种照本宣科的学习方式虽然不利于本国高等教育的文化传承和自主创新，但可以快速嵌入全球化高等教育体系，走入高等教育国际化舞台，并实现即时性的国际化资源引进与利用，具有立竿见影的效率优势。例如，中国在20世纪50年代强调在高等教育改革中"学习苏联先进经验"，"全面地、系统地、有计划地并全心全意地学习苏联"，在专业目录设置和学科发展上大幅复制了"苏联样板"，而相对缺乏基于中国本土实际的辩证选择与灵活变通。

二、改良模式：吸收性改造

高等教育在地国际化发展的第二种模式可以称作吸收性改造的"改

良模式"。该模式主要体现为通过以一种适应本国国家社会、经济、文化等实际情况的方式，变通地将国外优质教育资源引入国内，实现本国高等教育体系的改良式优化。从高等教育在地国际化的长期可持续发展看，简单的复制模式无法充分和精准满足本土高等教育需求，也较难充分适应国内高等教育资源基础。高等教育在地国际化的改良模式是对复制模式的更新与优化，是从国内国外两条线并重角度发展多元化的高等教育在地国际化实践。

具体而言，改良模式的高等教育在地国际化侧重关注以下几方面的行动方向：一是更加注重国外教育要素与国内教育场景的匹配性，从本土社会的实际需求和国家层面的战略意图出发，进行国外优质高等教育资源的适应性改造与灵活性转化，促进国内外高等教育资源的相互衔接。二是强调国家发展情境与在地国际化教育形式的一致性。改良模式的高等教育在地国际化在对国外教材、课程、师资等教育资源的吸纳过程中，更加关注相关资源与本国发展路线和社会价值取向的内在一致性，以服务于本土实际需求与社会文化。三是在多元中求主导，在多样中求共识。在以开放的姿态吸纳国际优质高等教育要素的同时，改良模式的高等教育在地国际化实践注重国际性与民族性的并存，致力于在平等的基础上推进不同教育理念和社会文化的相互借鉴、交流和融合，在传承本国社会文化的同时增进国家间的理解和沟通。

三、再创模式：超越性创新

再创模式是高等教育在地国际化的成熟形态，不仅注重对国际化教育模式的适应性改良，还着力基于本土情境、特色与优势，对国际化高等教育模式进行再创新、再发展。该模式往往能够在吸纳国外教育体系的同时，进行拓展性延伸或增补性发展，从而形成一种极具原创性和更具国际性的高等教育在地国际化模式,在办学成效上"青出于蓝而胜于蓝"。

对于再创模式的高等教育在地国际化而言,"引进来"的国际化教育要素只是可资借用的半成品,不仅难以直接复制,也存在改良过程中的碎片化问题,不成体系。对此,再创模式的高等教育在地国际化一方面在存量逻辑上,主张"以我为主"地设计教学体系,在对国际化教育要素进行整合、改进的基础上,将之嵌入其中;另一方面,在增量逻辑上,强调通过国内外教育体系的相互融通,发展出更加系统的国际化高等教育知识体系,建构出更加有效的高等教育在地国际化办学模式,实现高等教育在地国际化模式的不断迭代和持续创新。此外,在发展目标和合作关系上,再创模式的高等教育在地国际化建设并不停留于对世界先进高等教育体系的追随,而是在平等互鉴关系中取长补短,并最终走向超越和由内而外的模式输出。

第二节
双重取向：同质性流动与异质性重构

对于高等教育在地国际化的实践模式，仅停留在教学过程的表层形式很难把握其宏观结构和实质异同，更加全面的认识应当深入到其背后的国家间文化对话过程。高等教育在地国际化涉及不同国家之间的教育模式与文化交流，其间的相互认同与冲突因素形塑着高等教育在地国际化的不同开展方式。从在地国际化教育输入国与输出国所归属的文化体系看，高等教育在地国际化开展方式既有同一文化体系内互容性教育要素的同质性流动，也有不同文化体系间异质性教育要素的吸收与重构。

一、同一文化体系内的互容性流动

在同一文化体系内，高等教育在地国际化本质上是优质教育资源的均衡化和有效性配置，因"逻辑一致"的趋同文化背景而面临较小的资源流动阻力。这种互容性流动的高等教育在地国际化模式内含文化整合意味，同一文化背景下的不同高等教育单元（国家）以"在地"交流为媒介，形成了更加紧密联结或相互呼应的有机整体。

具体而言，处于同一文化体系的不同国家间文化要素相对协调一致，在价值共享、彼此依赖、协同共生的基础上形成了一个文化共同体。在这个共同体内部，高等教育的观念、内容与方式等也具有较多的内在一致性和趋同性，可以实现更加顺畅的跨国交流与输入输出，在高等教育在地国际化实践中呈现"文化高度互容—教育内在相通—资源顺畅流动"的资源共享过程。同时，从资源流动的驱动机制来看，同一文化体系内的高等教育在地国际化动力主要源于优质教育资源的更高效、最优化配置，主要涉及空间上的教育资源移动，而较少伴随教育属性的转换与本土化改良；主要涉及教学手段的学习和改进，而较少发生教育理念的碰撞和变革。

此外，在程度上，根据国家间文化互容性和教育要素流动性的高低，同一文化体系内的高等教育在地国际化实践还存在内在的形式差异。首先，在文化互容性和教育要素流动频率较高的情况下，同一文化体系下各国对于高等教育教学方式变革的理解较为契合，通过积极推动高等教育在地国际化的发展，实现本国教学手段的改进、人才培养效率的提高，是一种必然选择和系统性结果。虽然在具体操作层面，各国因实际情况使其高等教育在地国际化的实践细节略有不同，但整体方向与趋势往往是一致的。其次，在文化互容性和教育要素流动频率较低的情况下，同一文化体系下的各国对于高等教育在地国际化往往倾向于一种顺应态度，对于跨国教育资源的流入和交流既不主动推动，也不消极抵制，高等教育在地国际化更多处于一种自然演进状态。

二、跨文化体系之间的吸收性弥合

在跨文化体系之间，高等教育在地国际化的本质不仅体现为优质教育资源的均衡化配置，还内含多元文化背景下差异化教育要素的复杂转化过程，因而存在较大的资源流动阻力。全球化进程的纵深发展使许多国家原本封闭或孤立的文化体系被打破，相应的高等教育发展也经历了打破—吸收—重建—融合的曲折过程。具体从高等教育在地国际化场域来看，这种文化碰撞与教育对话主要涉及西方经济较发达国家的人文与科学教育体系蔓延到不同文化体系中，尤其是发生在东方和西方、发达国家和发展中国家之间。

不同文化体系间的高等教育在地国际化开端往往在较为特殊的历史环境中发生，并经历较为蜿蜒的发展之路，涉及国家间的政治、经济、军事、社会心态、科学精神等多方因素。具体而言，不同文化体系下的高等教育在地国际化一般涉及"渐"和"摄"的文明对话过程，内含跨文化体系之间，教育输出国有意识地对输入国进行影响，教育输入国借输出国弥合自身差距并在融会贯通中走向超越的过程。

首先，跨文化体系的高等教育在地国际化多由"渐"开始，存在被动性接受和曲折性发展特征。不论是缘于战争因素，还是和平的文化交往，早期跨文化体系间的高等教育在地国际化雏形多以文化流入为基础。以中国为例，"西学"开始主要由以利玛窦为代表的西方传教士传入国门，早期吸引了一批具有开放精神和学术洞察力的士大夫进行科学文化知识探索。中西方不同体系的文化交流冲击了延续几千年的本土教育理念和传统社会文化，引发一系列教学观念、教学内容、教学制度和教学方法的反思与变革。这一"渐"的过程主要是被动和有条件的，并受传统文化基础和历史条件的无形阻力影响，而存在渐进理解和曲折发展过程。

其次，在"渐"的基础上，跨文化体系的高等教育在地国际化存在主动和有意识的吸收取向，即"摄"。19世纪中叶以后，西方国家通过长枪大炮和商品贸易打开经济落后国家的大门，后者发展滞后的国家制度和军事力量无法维持本土推崇的"圣经贤传"，只能在带着血泪色彩的无奈中主动寻找新的发展出路和弥合"技不如人"的国家差距。在这一背景下，追逐西方较发达国家的高等教育体系成为潮流，在发展中国家刮起了一阵早期雏形的在地国际化教育之风。以中国为例，辛亥革命后，中国通过主动吸收外国的科学知识和高等教育经验，积极进行国际文化交流和推动教学改革，创建科学社团，创办科学期刊，翻译和引入西方名家教育经典和基础性的科学著作，并对标西方课程，学习先进教学方法，推动高等教育体系的蓬勃发展。

总体上，"渐"与"摄"的高等教育在地国际化实践所代表的都是跨文化体系的交流—碰撞—吸收—交融过程。在这一过程中，各个国家的社会文化在彼此对话中不断发展和变化，在不断促进高等教育要素流动的同时也丰富着全人类的文化宝库，在国际化与本土化、独特性与多元化的交织中使世界文化更加丰富多彩。

第三节
发展中国家实践的不同样态

无论是教育发展模式、教育发展优先次序的选择,还是教育制度、教育结构的确定,都受一个国家教育政策的影响,是各国政府选择的结果。不同国家的高等教育在地国际化发展战略有着一定的规律可循,但因所面临的约束条件不同,其发展模式亦有所不同。对发展中国家而言,高等教育在地国际化模式选择的差异性主要受其高等教育水平和经济发展战略需求影响。在不同的发展时期和现实背景下,发展中国家的高等教育在地国际化既遵循高等教育发展的一般规律,又受各国本土国情的影响而呈现不同的样态——补短板,打基础的基础样态;强优势,树特色的成熟样态。基于不同的国家发展情境,两种样态下的发展中国家高等教育在地国际化实践的核心任务和侧重点有所不同。

一、基础样态:补短板,打基础

高等教育在地国际化是在高等教育国际化理念的影响下,由具有明确目的性的国际化行动而产生的一种符合当地教育模式的高等教育现象。对于发展中国家而言,教育的在地国际化始终面临如何处理好国际化与本土化的矛盾。在地国际化教育并不是全盘照搬,而是一种理念、形式和方法上的借鉴,是用国际意识和视野来把握和发展本土教育,是培养胸怀天下、会通中西、学贯文理、个性自由而全面发展的国际化高端复合人才。其中,"补短板,打基础"是发展中国家开展国际教育的首要目标。

第二次世界大战结束后,特别是20世纪80年代以来,全球化推动下的学术科研国际共同体渐趋形成,各国之间的科研交流与学术合作均呈现相对开放的状态。然而,对于发展中国家来讲,国际教育的发展历史并不算悠久,国际交流程度和开放程度相对于发达国家或教育大国较低,尚处于国际化教育和在地国际化教育的发展初期。在这个阶段,发展中国家推进高等教育在地国际化战略主要聚焦于自身高等教育体系的健全和完善,通过"补短板,打基础",在高等教育领域进行国际合作与交流的政策调整,为逐步向全局性、系统性方向发展和转型等积累必要条件。

同时,发展中国家的在地国际化缺少可供参考的历史因素和经验,主要是按照发达国家或教育大国的新结构教育理念,走"换道超车型"道路。纵观当今世界格局,在高等教育国际化领域有竞争实力的主要是发达国家(经济体),发展中国家处于相对弱势地位。在国际化教育进程中,发展中国家不仅难以与发达国家竞争,而且自身的高端人才也面临较大的外流风险。因此,建立基础样态的在地国际化教育体系成为发展中国家高等教育国际化的初级阶段,同时也是发展中国家迈向高层级教育的必经之路。

概言之,在基础样态发展阶段,高等教育水平尤其是在地国际化教育本身就是发展中国家教育体系中的短板与弱项,亟须给予足够的重视与加强。这一阶段,由于发展中国家相关的教育法律、法规、政策体系不完善,对在地国际化的高等教育语境与意义认识不深刻,缺乏科学的课程体系与考核评价标准,其本国国际化教育存在处境尴尬、教育师资紧缺、教育手段方法单一、课堂教学主渠道作用发挥乏力、校园国际文化建设薄弱等诸多问题。所以,基础样态下的发展目标就是要补足这些显著短板，强化对在地国际化理论的学习，提高思想认识；推进课堂教学，提升教学质量；整合人才资源，打造稳定队伍；加强文化建设，营造育人环境，切实提升在地国际化教育的针对性与实效性。

在行动重点上，对于基础样态下的高等教育在地国际化，发展中国家着力弥合的发展短板主要集中于经济短板和人才短板两个方面。

在经济短板方面，主要体现在通过高等教育在地国际化的发展，缓解现代科技推动的生产力动能不足问题。科学技术对生产力和经济社会发展的重要性不言而喻，同时，科学技术的精神创造力要转变为改造世界的物质生产力，还必须有一个转化过程。通常用科技先进水平及其成果转化率来衡量各国科技创新指数，西方发达国家显著强于多数发展中国家。对此，科学技术具有居中性，教育具有二重性，发展中国家的高等教育在地国际化的重要目标之一便是通过引进国际教育来弥补本国高等教育质量短板，系统地提升科技发展水平和转化效率，进而促进科技与经济的紧密衔接并转化出更高的现实生产力。

在人才短板方面，主要体现为通过高等教育在地国际化的发展，破解国际化高端人才稀缺且培养模式乏力的困局。基础样态的发展中国家高等教育在地国际化重点在于培养一定数量的具有国际竞争力的学生，同时引进高端师资人才为本国发展服务。随着发展中国家经济由农业主导型向以制造业和服务业为主的工业主导型转变，对各种高级专业技术人才需求增加，但其国内的高等教育人才培养质量远不能满足此种需求。同时，发展中国家普遍缺乏高端人才的系统培养和科学管理机制，在高端人才引进、考评及管理标准等方面缺乏有力的发展模式，致使高端人才数量不足，缺乏生机和活力，既有人才蕴藏的潜能也常常不能被充分挖掘和释放，出现人才稀缺和人才浪费的双重困局。对此，加强教学、科研和人才流动等领域的国际化，充分利用高等教育在地国际化在国际化师资力量、教学体系和人才培养技术等引进方面的优势作用[1]，成为发展中国家在高等教育在地国际化实践中的又一重要关注点。

二、成熟样态：强优势，树特色

相比于基础样态的补短板，打基础模式，一些发展中国家在高等教育人才培养的课程设置、管理机制和科技研究等方面奠定了初步基础之后，往往进一步走向"强优势，树特色"的高等教育在地国际化发展的成熟样态，在扩大高等教育在地国际化规模和补齐高等教育发展短板的同时，进而关注本国高等教育优势和特色的挖掘，回应更加广泛的国家和社会发展需求。

高等教育在地国际化在确立"在地"场域之初，便内含国际化与本土化的双重意蕴。对于发展中国家而言，这一双重价值追求同样显著存在。在将发展目标定位在发达国家科学技术知识普及、提高国际项目事务的参与度、优化国际化人才培养环境的同时，一些发展中国家也开始依托传统文化和历史悠久的优势，在高等教育在地国际化发展实践中凸显本土特色，在开放包容、有针对性地吸收和学习先进经验的基础上，发挥自身的优势，探索更加符合本国国情的差异化、多元化发展路径，服务于本土社会发展优势和高等教育优势的挖掘。具体而言，对于发展中国家高等教育在地国际化的成熟样态，增强什么样的优势，树立什么样的特色莫衷一是，不过普遍有以下两个重点方向：

一是盘活在地资源优势，推动国内外教育系统的整合再造。本土高等教育资源的有效整合是在地国际化教育持续发展的基础保障，也是在高等教育在地国际化发展中变被动为主动，形成有影响力的高等教育在地国际化品牌的重要前提。当前，发展中国家整合国际与本土优质高等

---

[1] 张伟，刘宝存. 在地国际化：中国高等教育发展的新走向[J]. 大学教育科学，2017（3）：10-17，120.

教育资源的实践策略既有初步的叠加式操作，也有系统的统筹式配置，探索内外部区域资源的共建共享模式。同时，注重利用本国高等教育在地国际化的后发性和灵活性优势，依据本国市场需求和产业发展的相对差异，培育特有的国际化高等教育学科方向与优势专业，培养细分领域和新兴产业亟需的国际化人才，从而在高等教育国际化市场中占据不可替代的生态位。

二是建构特色课程，兼顾国际化与民族化育人的对接融通。成熟样态的发展中国家实践注重在高等教育在地国际化课程中融入本国社会文化和历史元素，在培养学生国际素养的同时，推进国际化与本土特色教学的深度融合。以印度为例，印度中央政府机构——国家教育研究和培训委员会（NCERT）发布了三个版本的国家课程（NCF）[①]。其中，《国家课程框架（2005）》旨在实现促进全球化与本土化的和谐，密切开展国际化教育的同时保持民族多样性和促进教育公平，减轻学生的学习压力。相关教学体系设计要求课程内容注重反映民族文化，强调民族特色和本土历史教育。其他诸多发展中国家也日渐重视在高等教育在地国际化发展中建立统一的国家课程体系，在公共核心课程和其他灵活课程设计中，涵盖本国历史、宪法、文化、母语等本土要素。这些探索普遍在强化高等教育在地国际化发展的地域特色，提升发展中国家高等教育在地国际化发展的本土价值和自主性方面具有重要价值。

---

① FERREIRAM, SANTOS-PEREIRACM, MOREIRAF, et al. Digital transformation at high education: are professors of the South European and South American countries prepared for that [M] // Proceeding of INTED 2019 Conference. Valencia, 2019.

第四章

中国高等教育在地国际化的创新需求

　　一切事物的发展都建立在内部要素与外部环境交互作用的基础上，中国高等教育在地国际化之路同样需要遵循其特定历史脉络和逻辑理路，并伴随国际格局、国家布局、社会发展和人民需求的新期盼而动态调整。纵观外部，缘于西方的国际化和传统在地国际化模式已然无法满足时代需求，现有价值主张亟待提升，世界高等教育体系面临结构性调整；着眼内部，中国高等教育在地国际化面临发展阶段、结构类型、地位作用、环境坐标等方面的变化，发展体系亟须升级迭代。与此同时，随着世界各国、各民族、各地区在政治、经济、文化、军事等领域的深度联结，全球高等教育链条"牵一发而动全身"，诸多局部条件的变化给高等教育体系带来新的冲击，高等教育在地国际化领域亟待"输血"和"换血"。

　　在这一时代背景下，为了搭建符合中国实际需要的高标准、高质量、高水平的国际化高等教育平台，亟须客观研判海外国际化和传统在地国际化模式的局限性，重新审视中国国家发展和人民群众对高等教育的新需求，融合归纳世界高等教育体系建设的先进经验，探索形成一套中国特色、世界一流的高等教育在地国际化体系。

第一节
超越现有价值主张的局限性

传统的高等教育国际化模式均源起于西方,在促进各国高等教育发展方面发挥了重要作用。但囿于对地理疆域、国家竞争等因素的关照不足,传统高等教育国际化实践也一定程度上加剧了世界高等教育体系发展的失衡,尤其加深了发展中国家的被动国际化劣势,涌现一系列亟须解决的问题。对此,作为一种新型高等教育国际化样态,高等教育在地国际化模式的出现一定程度上弥补了传统国际化模式的不足,但由于在成本、公平、效率等价值导向上的片面性追求,同样存在浮于形式、"水土不服"等局限,在国际化教育资源利用和教学质量提升等方面未能充分激活发展潜力。有鉴于此,新形势下高等教育国际化模式亟须在价值导向上"换血"、重构。中国作为高等教育国际化的后发赶超型国家,尤需立足时代潮头,保持理论清醒,抓牢发展机遇期,根植本土情境,创新高等教育在地国际化发展理念,为世界高等教育体系的优化做出中国式的探索。

一、传统国际化价值主张局限待破

高等教育国际化的实践由来已久,如前所述,早在还未形成相关概念性认知的古希腊时期,跨国"游教"和"游学"等教育形式就先于理论而开始付诸实践了[①]。进入20世纪以来,高等教育国际化开启了高歌猛进的黄金时代,同时也驶入了矛盾最为深刻、冲突最为激烈的时期。

---

① 王伟伟. 中国高等教育国际化及其效应研究[D]. 北京:对外经济贸易大学,2018:5.

从价值主张看，传统高等教育国际化的基本逻辑可以总结为高等教育要素的跨国流动，具体可以分为三个层次：学生、教师等学术人员的流动，知识、信息、课程的流动，科研项目和教学实践活动的流动。在传统的跨域性、经济性等理念主导下，高等教育国际化进程在促进国家间学术交流和教育合作的同时，也暴露出许多弊端——片面追求地理位移，过分关注经济效益等，使真正意义上的高等教育国际化渐行渐远，也加剧了世界高等教育体系的严重失衡。对此，在地国际化模式的发展可以构成有益补充性和部分替代性方案，缓释高等教育国际化的弊端。中国在解决同类问题的过程中，也有必要顺应在地国际化发展的新趋势，并在本土化探索的基础上破旧立新，解决舶来理论及其弊端对于中国高等教育发展适用性弱和负效应大的问题。

（一）过分重视地理位移

从不同层面和角度出发，学界和业界对高等教育国际化形成了众多不同的理解[①]，但总体而言，基于"地理疆域"的国际化理解和认识长期流行，并在众说纷纭中占据主导地位。从实践看，跨越"地理疆域"接受国际化高等教育的留学生数量也是逐年攀升。根据联合国教科文组织和经济合作与发展组织的统计，1975年世界各国的外国留学生总数仅为80万人，而2009年世界各国的外国留学生总数已达370万人，34年间跨境

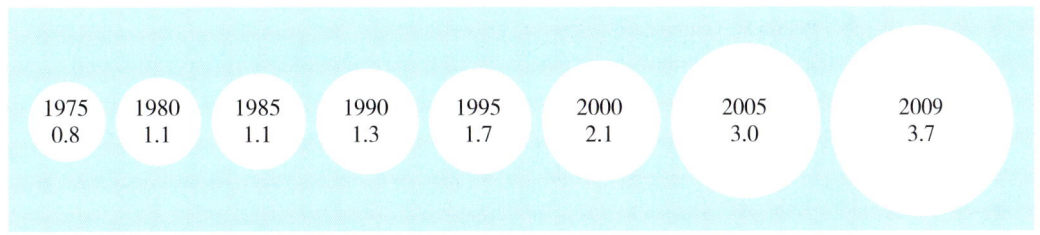

图4-1 高等教育国际化跨境增长人数（1975—2009年）单位：百万
数据来源：经济创作与发展组织和联合国教科文组织统计研究所。

[①] 张应强. 全球化背景下高等教育国际化理念的重新审视[J]. 教育发展研究，2021（23）：1-11.

留学人数增长了3倍多（见图4-1）①。

在这一地理位移模式下，流行的高等教育国际化不仅带来了较大的跨境流动成本，更在实际上成为西方发达地区把欠发达的亚非地区纳入其文化体系之内的一种极具"征服"意味的价值渗透和移位现象②。20世纪以来，世界范围内的高等教育国际化建立的基础本就是极为不平衡的高等教育发展格局——一边是发达国家的高等教育处于优势地位，运行一种主动的高等教育国际化；另一边是发展中国家的高等教育处于劣势地位，接受一种被动的高等教育国际化。这种高等教育地位的势差使高等教育国际化的发展机会也极为不平等，"对世界上最贫穷的一些国家以及那些最缺乏资源的院校来说，它们参与高等教育国际化的机会非常有限，或者在国际交流与合作时常处于矛盾、尴尬和令人不安的地位"③。

在地理位移理念的"路径依赖"下，世界高等教育生态趋向一种新的不平衡发展格局，不但形成了西方国家掌握国际学术话语权的局面，而且助长了"西方文化优越论"。同时，在众多高校国际化评估中，人员的跨境流动被作为一项重要指标，使高等教育国际化的性质发生异化——成为一种硬性的行政任务，而不再是忠于学术活动，许多学校甚至出现本末倒置的情况：将人员流动作为开展高等教育国际化建设的最佳（甚至是唯一）途径，为了迎合"国际化指标"而跨境流动④。在中国发展高等教育国际化的实践中，此类问题同样存在，发展超越地理位移、跨境流动的高等教育在地国际化模式，构成了解决该类问题的一个可能路径。

---

① OCED. Education at a glance 2011 [M]. Paris: OECD Publishing, 2011: 320.
② 叶启政. 高等教育"国际化/在地化"的吊诡与超越的彼岸 [J]. 北京大学教育评论, 2017 (7): 83.
③ PE WIT H, AITBACH P G. Internationalization in higher education: global trends and recommendations for its future [J]. Policy Reviews in Higher Education, 2021 (1): 28-46.
④ 张伟，刘宝存. 在地国际化：中国高等教育发展的新走向 [J]. 大学教育科学, 2017 (3): 10-17.

（二）经济因素占据主导

高等教育国际化开展初期的目的是加强国家间的教育资源共享，提高世界高等教育水平以及增进跨文化沟通和理解等。时至今日，这些非营利因素已逐渐淡化，经济因素上升到主导地位，筹集资金成为诸多国际化项目开展的关键动机。例如，包括澳大利亚、加拿大、英国和美国在内的许多国家通过招收大量国际学生，一方面收取高额学费和管理费用，赚取学校发展资金和利润，另一方面利用国际学生的消费带动教育、旅游、保险等行业的经济发展[1]。根据美国移民和海关执法局（ICE）发布的《2019年度国际学生和访问学者数据报告》，仅2019年度在美国的国际留学生人数便超过150万人，其中来自中国的留学生人数超过47万人，占比超过30%。庞大的国际学生数量成为西方发达国家经济发展的一个重要刺激因素，高等教育国际化也成为这些国家重要的创汇产业。

此外，从国家层面看，发达国家向发展中国家既输出资源（如项目、师资），又输入学生（留学生），"一出一进"的国际化模式产生了双重经济效益，加剧了国家间高等教育发展的不平衡。从社会层面看，高等教育国际化因其高成本性，主要服务于精英阶层，这意味着将本就稀缺的优质教育资源进一步推向更有经济实力、具有教育资源优势的社会群体，加剧了社会阶层间的结构性矛盾。从个体层面看，只有付出高额的费用才有机会接受国际化教育，这本身就有悖于高等教育的公平性原则。尽管经济要素在高等教育国际化发展中存在不可忽视的影响力，但如果不加以合理化引导和运用，也会导致高等教育国际化体系建设本末倒置。对中国而言，高等教育国际化发展始终是建立在"以人民为中

---

[1] ALTBACH P G, KNIGHT J. The Internationalization of Higher Education: Motivations and Realities [J]. Journal of Studies in International Education, 2007（3-4）: 290-305.

心"的基本导向上的，有必要通过路径创新实现好、维护好、发展好最广大人民群众的根本利益，端正高等教育办学思想，破除教育功利化，而更具普惠的公平性特征的在地国际化模式，是实现高等教育国际化这一目标的返璞归真、不忘初心的必然选择。

（三）本土人才流失严重

在本身就极不平衡的高等教育国际化格局中，发展中国家为了紧跟时代发展步伐，既要在输入先进高等教育资源过程中承受经济上的高昂成本，还要输出本国的优秀人才，付出人才流失的代价。高等教育国际化的南北失衡导致一种"零和博弈"局面，使发展中

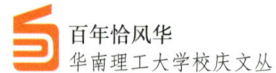

图4-2 美国国际学生主要来源地（2020年）截图①

国家面临"人才空心化"的风险，进而影响国家发展全局。在2020年前往美国就读的留学生中，中国生源占比高达34.6%，印度生源占比18%，凭两个国家之力撑起了美国国际学生的半边天（见图4-2）。

与此同时，"在这场不见硝烟的世界大战中，中国和印度成为世界上数量最大、损失最多的人才流失国"②。尽管近年来，中国政府为了吸引

---

① Open Doors. International Students in the United States. 2020 Fast Facts.
② 王辉耀. 人才战争［M］. 北京：中信出版社，2009：导言.

国际人才回流进行了许多政策调整,但是《中国统计年鉴—2021》的统计数据显示,2010—2019年,约有24.4%的学生流失海外(见图4-3)。1985—2001年,清华大学涉及高科技专业的毕业生有82%去了美国,北京大学的这项比例也高达72%[①]。在海外留学不归的人员中,大多是国内各个研究领域成绩优秀的拔尖人才。

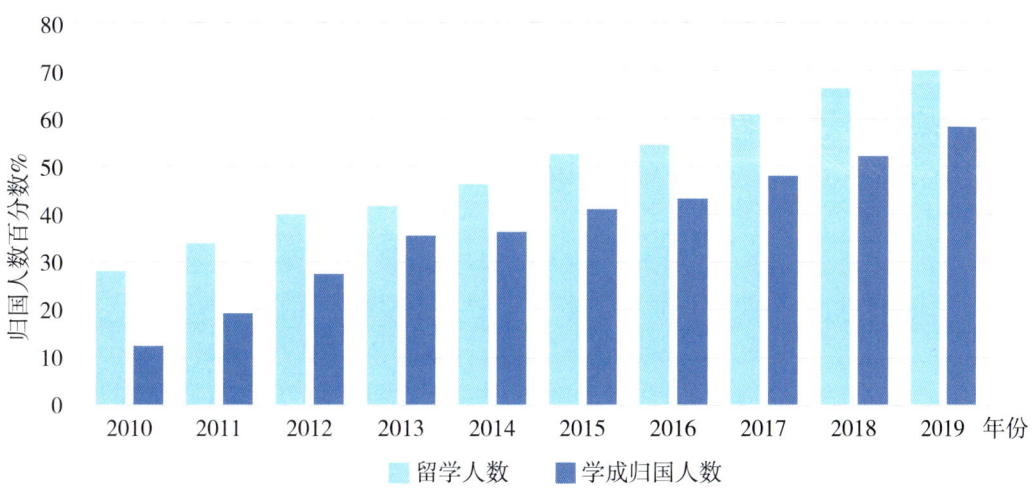

图4-3 中国留学人数与学成归国人数统计(2010—2019年)

数据来源:《中国统计年鉴—2021》。

世界各国的竞争是综合国力的较量,其关键是经济和科技的竞争,归根结底是人才的"逐鹿之战"。在人才博弈的竞技场中,中国优秀生源是高等教育国际化过程中被争夺的重要对象。对此,中国在未来的高等教育国际化规划中,亟须从战略高度重视人才流失问题,通过制定有效政策,创新高等教育在地国际化模式,最大程度上缓解"人才失血"现象,并建设完善适合中国国情的国际化人才培养、吸引和使用的良性机制。

---

① 陶涛. 21世纪全球人才争夺及其思考[J]. 求是, 2001(8): 53-56.

二、在地国际化价值主张缺失待补

针对传统高等教育国际化价值主张的局限及其负面效应，新型高等教育国际化——在地国际化办学模式自20世纪90年代末期应运而生以来，初步发挥了推动高等教育国际化深层次发展、扭转高等教育资源分配不公局势等积极作用。与传统高等教育国际化偏重跨境流动、成本高昂、覆盖面窄不同，高等教育在地国际化的治学理念具有旗帜鲜明的新特点。正如瑞典马尔默大学副校长本特·尼尔森于1999年在《在地国际化——理论与实践》的报告中阐释的，在地国际化是教育领域中除学生跨国流动之外的所有与国际事务相关的活动，其目标是"让所有学生在校时期都有机会接受国际理念与跨境文化的影响，提升自身能力，以应对不断变化的全球化世界的需求"[1]。具体而言，高等教育在地国际化的办学模式将办学重心落在群体普惠性上，主张降低教育成本，坚持公平原则，兼顾提升效率，面向全体学生，立足本土办学，更加有效地培养学生的国际化水平和跨文化素质。

不可否认的是，高等教育在地国际化的理念更具包容性。从成本角度来看，它可以使更多学生不用出国就能享受到国际化教育，进行国际交流，大大减少了个人需要承担的跨境成本；从公平角度来看，高等教育在地国际化的实施可以增加国际化教育的受众，实现更加公平的优质教育资源共享，更大程度上消除教育分配的不平等性；从效率角度来看，高等教育在地国际化可以一定程度上提高教育资源的生产、配置效率[2]以及人才的培养效率，从而更好地服务科学研究与社会发展。概言之，在理想愿景上，高等教育在地国际化可以一定程度上缓解由优质教

---

[1] NILSSON B, Internationalization at Home: Theory and Praxis [EB/OL]. (2016-11-10) [2022-03-10]. http://www.eaie.org/pdf/intathome.asp.
[2] 厉以宁. 教育的社会经济效益 [M]. 贵阳：贵州人民出版社，1995：32.

育资源稀缺和经济社会发展不平衡导致的普惠性缺失问题，弥补传统高等教育国际化人才培养模式的不均衡、不充分的缺陷①。

高等教育在地国际化模式看似可以彻底解决高等教育国际化的成本、公平与效率平衡性问题，是当前高等教育国际化改革的良方。但是，从现实图景看，这一目标的实现并不简单，当前流行的在地国际化模式本身也有其局限性。当前高等教育在地国际化模式的推广实际上建立在传统高等教育国际化的基础之上，虽然在理念层面和实践着力点上有所改进，但又常常以包装精美的"传统国际化"面目出现，陷入"新瓶装旧酒"的实践误区②。高等教育在地国际化实践的既有注意力多定格在片面的"成本""公平""效率"等追求上，在国际化教育质量、在地化教学效果以及本土化资源利用效果等方面存在新的偏差。

（一）片面关注成本优势，而相对忽视质量

作为传统高等教育国际化的一种替代方案，在地国际化在关注低成本优势和扩大受惠范围的过程中，存在相对忽略教育过程和出口处的学术标准把关问题，导致最为根本的教育质量备受争议。相比于前往海外学校接受较发达国家提供的国际化教育，高等教育在地国际化的输入国与输出国对于教育质量的管理和监控存在较大异质性，且由于社会文化、经济发展水平、教育价值观念等方面的差异，具有不同人才培养战略和监管视角，在相互磨合的过程中难以避免地存在对人才培养标准的较大分歧，也因之在教育质量保障上留下了较大的漏洞，存在在地国际化模式培养出来的学生既不够国际化，也不合本土化需要的双重风险。

例如，在中国与澳大利亚TAFE（Technical and Further Education,

---

① 蔡永莲. 在地国际化：后疫情时代一个亟待深化的研究领域［J］. 教育发展研究，2021（3）：29-35.
② PHÙNG T，PHAN L H. Higher education in Vietnam and a new vision for internationalization at home post COVID-19［M］. Vietnam at the Vanguard. Springer，Singapore，2021：247.

即职业技术教育学院）的院校合作过程中，依托西方教育理念培养的学生不仅无法满足中国现阶段经济发展的多样化需求，还造成个别领域的人才供给过剩，使毕业学生最终面临就业困境[①]。此外，一些国内高校的在地国际化教育质量停留在"语言国际化"层面。诸多在地国际化实践局限于形式上的"课程英语化"，只是在课程设置上对标为英语课程，学生在知识输入的过程中受语言因素的制约，在学习结果上亦常常仅限于英文词汇量的扩大和对事件的浅层了解，无法达到国际化人才的理想标准，在国际性知识、跨文化能力等方面无法形成明显优势。

为此，中国高等教育在地国际化的价值导向与实践模式需要进一步从质量入手，破除体制机制障碍，加强高等教育质量的持续监管，在兼顾成本与质量的双重标准过程中，改善高等教育在地国际化的人才培养效果。

（二）公平性收效甚微，且潜藏文化殖民风险

如果说传统高等教育国际化模式导向了"优者愈优"的精英教育路线，那么高等教育在地国际化一定程度上突破了这一局限，在目标上更多贯彻了"普惠全体"的大众教育理念。不过，从现有措施及其发展水平看，教育公平的理想虽然在高等教育在地国际化理念上得以体现，但在落实为具体操作的过程中，受制于传统高等教育体系和结构"惯性"的影响，其实际成果收效甚微。一方面，教育公平的改善程度极其有限。高等教育在地国际化的"在地"指向学生的国籍所在地，虽然教育发达国家的在地国际化可以面向大多数学生，但对于教育欠发达国家来说，优质高等教育依旧是"奢侈品"，在地国际化模式只能有限作用于不满足跨境条件，但可以负担在地国际化教育的少部分学生。例如，越

[①] 朱正浩，姚奇富，武莉莉. 澳大利亚TAFE院校跨境教育质量监控趋势及借鉴[J]. 职教论坛，2017（7）：74-79.

南高等教育在地国际化实施的第一阶段即是起步于经济富裕的家庭，而为了适应国际课程的上课需要，学生们还需另外花费高额的费用报班学习英语①。

另一方面，教育公平成为"外衣"。作为一种文化活动，高等教育国际化进程不断加速跨国文化信息的流动。而当流动不平衡性客观存在的时候，当代文化殖民主义开始通过科技、话语体系等文化产品的包装，变通性地在高等教育领域加以推行。传统高等教育国际化跨境流动带来的人才流失已经引起许多国家的重视，相比之下，高等教育在地国际化的"在地"模式可以在一定程度上减少人们的顾虑，但实际上依旧隐含文化殖民风险，教育公平的"外衣"依然无法阻止教育水平势差下"新殖民主义"的蔓延。中国在追求高等教育在地国际化的公平性价值过程中，更应警惕其背后隐藏的价值陷阱。

（三）效率性追求流于形式

相对于高等教育的传统国际化模式，在地国际化可以在一定程度上调和教育公平和效率之间的良性互动，加大教育资源的共享程度，提高教育生产效率和资源配置效率，激发教育需求的螺旋式向上发展。但是，在实际运作过程中，这一效率性愿景的实现面临诸多制约因素：一是效率性理念的落实浮于表面。所谓理念，即共同分享的价值观，有理念即有方向感、有准绳、有标杆。然而，"在地国际化"的效率性理念在某些国家落地的过程中，形式大于内容。本土化的教育模式与管理体制仅是披上国际化的理念外衣，便摇身成为国际化教育，缺乏对在地国际化价值本质的深刻理解，未实现对国际化资源的有效吸纳与嵌合。例如，教师作为在地国际化建设的主要参与者，在保障国际化知识稳步过

---

① PHÙNG T, PHAN L H. Higher education in Vietnam and a new vision for internationalization at home post COVID-19 [M]. Vietnam at the Vanguard. Springer, Singapore, 2021: 247.

渡方面起着至关重要的作用，然而在2019年一项对巴西和英国参与高等教育在地国际化项目的大学教授及教辅人员的访谈调查中，调研人员发现部分受访者对"在地国际化"这一概念的具体内涵和实现途径完全不熟悉，"在地国际化"模式创新只是一句喊得响亮的口号而已。二是教育资源的有效共享与配置存在水土不服问题。众所周知，没有"包治百病"的灵丹妙药可以对各个国家的高等教育改革创新产生立竿见影的效果，再好的国际化教育理念与资源也需要实事求是、因地制宜，历经反复的适应性磨合以达到最终融合。在实际操作过程中，由于诸多跨国交流环节的民族要素与国际化教育存在排斥反应，高等教育在地国际化的资源配置效能常常存在极大的理想与现实的鸿沟。如何通过更加有效的顶层设计，更好地找到世界与民族之间的共振点，是将高等教育在地国际化建设的效率性愿景化为实践图景过程中无可规避的挑战。

总体而言，高等教育国际化的前景问题一直是近年来国际学术界和实务界关注的焦点问题。传统高等教育国际化和当下流行的在地国际化模式都在某一特定历史时期构成了对特定问题的解决方案，但在现今时空背景下也都存在显著的内在局限性，无法满足高等教育国际化建设对高质量办学、软实力提升、国际竞争力等多元价值的客观需求，发展动能不足。对于高等教育处于快速发展期和赶超阶段的中国来说，这些挑战同样存在，并且在世界百年未有之大变局大背景下更加严峻。对此，通过进一步突破时空限制和价值局限，对当前流行但存在诸多局限性的高等教育在地国际化模式进行本土化的再创新、再完善，构成一个既有必要也较为可行的实践方向是迫在眉睫的。

第二节
回应优质高等教育的新需求

随着高等教育国际化发展进入"换挡期",中国高等教育的体系建设也在多个层面面临新的社会需求。在个体层面,随着社会发展和人民生活水平的不断提升,社会公众对个体发展、人生价值和潜能发掘日益重视,在自我理想的实现方面产生了愈加强烈的内生性动力,对高等教育国际化改革也提出了个性化需求。同时,在整体层面,随着中国经济建设迈向高质量发展,对应用型、技术型、创新型、国际型等人才要求日益多元和增长,高校人才培养与社会用人需求之间的供需失衡日益凸显。以上个体性与整体性时代情境都对中国拓展高等教育在地国际化创新,推进本土化的高等教育国际化建设和内涵式发展提出了新的社会需求。

一、满足人民对优质高等教育的更高要求

高等教育的人才培养、科学研究与社会服务等功能决定了其必须不断进行改革和发展,从而动态满足国家、社会和个人对高等教育的需求。其中,社会个体的发展对高等教育的发展提出了根本需求,而对于社会个体发展需求的满足亦应是高等教育改革的基本出发点。

高等教育的改革与发展必须牢牢围绕实现人的全面发展的最终目标,帮助尽可能多的社会个体找到一条既满足"大我"又满足"小我"的发展之路。人本主义心理学家马斯洛曾基于自我实现需求层次,提出"自我实现需求观",强调对自身潜能的发掘和自我理想的实现是个体

发展的内生性动力。高等教育应该遵循社会个体的发展规律，服务于受教育者的自我发展与自我提升。同时，创新是社会发展的第一动力，随着新技术、新产业、新职业的不断涌现，社会对于高层次创新型人才的要求越来越高，需求也越来越迫切。高等教育作为教育龙头，不仅具有为经济社会发展提供人才和智力支持的功能，而且具有为当今社会科学和技术发展提供源源不断动力的功能。概言之，个体和社会发展对高等教育的需求是多方面的，优质高等教育的动态性发展是维持社会繁荣、稳定的根本要素。社会越发达，其对高等教育的需求也就越大[①]。

高等教育肩负着为中国现代化建设输送建设者和接班人的重要使命，在社会稳定发展和快速进步时期扮演着更为重要的角色。多国实践经验显示，大学的自由开放和保守紧缩时期基本上是政治周期的反映，社会的繁荣稳定与高等教育结构的优化调整存在互为助益的关系。同时，高等教育扮演着为经济建设输送人才，为发展社会生产力提供服务的角色，高等教育的发展是经济社会发展的重要支撑。目前，中国高等教育已初步实现大众化，本科和研究生招生规模不断扩大，高校毕业生数量持续增加。《2020年全国教育事业发展统计公报》显示，中国高等教育在学总规模在"十三五"时期从3647万人上升至4183万人，在短短几年间，接受高等教育的人数增加了536万人（见图4-4），高等教育普及水平大幅提升，高等教育规模位居世界第一。但是，高等教育的发展如果仅是增加规模，而未能随着经济发展需求的变化及时调整人才培养模式，优化学科体系，提高竞争力，就很容易产生中低端劳动力市场饱和、失业现象加剧、学历和职场内卷严重等个人发展受阻问题。当前，中国高等教育发展开始面临类似的社会问题，在现有高等教育体系框架的基础上，新的高等教育发展方案有必要根据社会进步和需求进行针对

---

① 陈宏军，江若尘. 对高等教育社会需求的系统分析[J]. 教育发展研究，2005（10）：97–102.

性升级。其中，通过合理调整国际化建设布局，推动中国特色的高等教育在地国际化创新，提供跟得上时代发展需求的更高质量的高等教育资源，成为一个值得尝试和探索的路径选择。

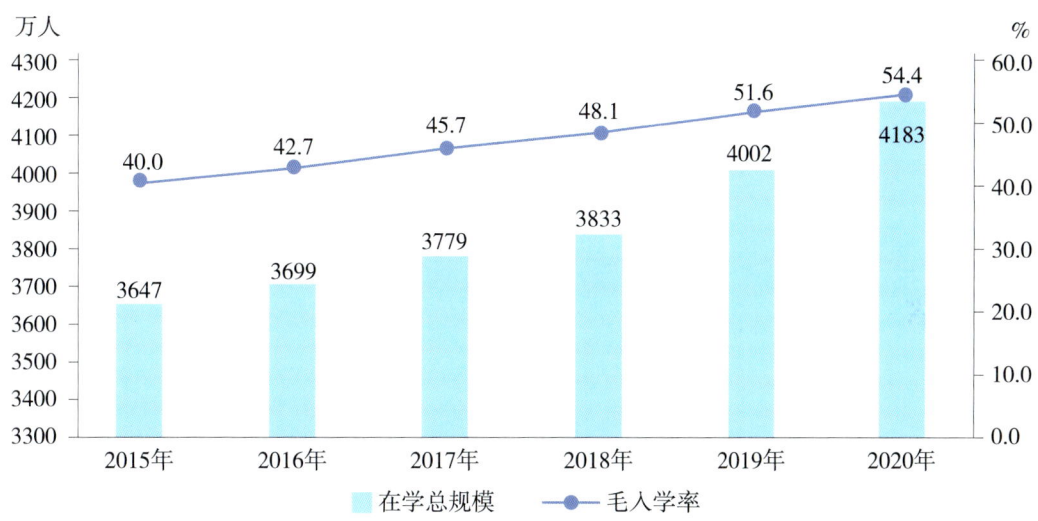

图4-4 "十三五"时期高等教育在学总规模和毛入学率①

二、应对高等教育国际化交流的新障碍

由于逆全球化趋势、全球经济增长乏力等不确定性因素的增加，世界各国之间的国际交往和人员流动面临越来越多的阻断风险。这对传统高等教育国际化模式提出了新的挑战，也为中国学生接受国际化高等教育制造了新的障碍。例如，英国一家专门负责教育及升学就业的国际高等教育咨询公司——夸夸雷利·西蒙兹公司（Quacquarelli Symonds，简称"QS"），曾于2020年对194个国家超过115000名留学生进行留学意愿调查，发布了《新冠疫情如何影响不同层次学生的留学意愿》白皮书，调查显示，受新冠肺炎疫情和经济形势、制度环境的影响，学生总

---

① 教育部. 2020年全国教育事业发展统计公报［R/OL］.（2021-08-27）［2022-05-11］. http://www.moe.gov.cn/jyb_sjzl/sjzl_fztjgb/202108/t20210827-55504.html.

体的留学意愿相较往年有所下降。在此情况下，通过替代性的在地国际化模式对冲海外国际化模式面临的新风险，也成为一个不得不为的现实之所需。

整体而言，人民群众对优质高等教育的愈加重视和现实需求对中国高等教育改革提出了新要求，也为高等教育在地国际化的体系建构提供了发展窗口。中国高等教育在地国际化平台的建设有必要以高质量创新实现高质量发展，从而满足人民对优质高等教育的更高要求。

第三节
适应国家发展战略的新目标

作为一个国家综合实力的重要支撑,高等教育既是个人素质发展必不可少的沃土,也是社会转型发展的催化剂,更是国家提质增速发展的压舱石。作为世界上规模最大的教育体系,中国高等教育已经进入由普及化向高质量发展的阶段,面临的现实挑战更加严峻。在世界各主要国家加强战略博弈,全球化进入"换挡期",逆全球化浪潮涌动,以及传统高等教育国际化发展面临巨大挑战的时局下,中国高等教育布局亟须对标国际,通过在地国际化模式创新,进一步推动高等教育向内涵式发展,加强高等教育对国家发展的牵引力作用,推进高等教育强国建设。

一、为国家高质量发展提供智力保障

目前,中国高等教育发展已经进入世界高等教育发展的第一方阵,发展理念也与国际标准初步实现了同频共振。不过,从更高阶目标看,新时代中国国家发展环境和战略布局赋予了高等教育新的使命。中国亟须推进高等教育体系的全方位建设,优化高等教育资源配置结构和配置效率,为持续推动社会和经济的高质量发展提供助力。为了回应时代的召唤,中国特色的高等教育在地国际化体系建构有必要进一步提上发展日程,以新思想和新理念作为支撑,从多领域、全链条、深层次助力国家高等教育接轨国际、提质增效。具体而言,作为最为关键的智力保障,中国高等教育在地国际化创新对于国家高质量发展的必要性主要体

现在以下四个方面：

首先，在地国际化模式创新是推动高等教育内涵式发展，助推中国高等教育强国建设的现实需要。中国虽然是世界高等教育大国，但是距离高等教育强国还有很长的路要走。其中，高等教育内涵式发展是中国高等教育高质量发展的根本路径。高等教育在地国际化的体系建设有助于提升人才培养和教学质量，进一步发掘学科建设特色，优化教育管理体系，提升高等院校的教育质量和国际化发展水平，从而有效助力中国高等教育强国目标的实现。

其次，在地国际化模式创新是引导高等教育创新式发展，促进中国自主创新竞争力提升的有效路径。从世界范围来看，大学教育模式与国家发展路径的契合程度是评价大学办学水平的关键因素，也是国家发展战略目标能否顺利实现的一个决定性因素。具体从中国现状看，自主创新能力作为国家的核心竞争力，是中国应对现实和未来挑战的必备基础，因之构成了中国高等教育发展体系建设的关键标靶。目前，迈入普及化阶段的高等教育初步满足了国家"自力更生"的需求，但在助力国家创新水平从跟跑到并跑、领跑的历史飞跃方面仍力有不逮。对此，通过探索发展高等教育在地国际化模式，更新人才培养理念，升级学科建设质量，满足人民群众多样化及个性化的教育需求，是应对中国高等教育系统的内外部机遇与严峻挑战，实现高等教育水平和国家创新发展能力从量变到质变的重大突破的关键之举[1]。

再次，在地国际化模式创新是推动科技赋能高等教育多元式发展，落实中国科技教育双驱动战略的有益选择。高等教育和信息技术的融合可以实现优质教育资源的共享，提供个性化、精准化的教育支持，促进

---

[1] 钟秉林. 普及化阶段我国高等教育质量保障体系的构建[J]. 河北师范大学学报（教育科学版），2020（2）：1-3.

教学过程的持续改进,从而提升教育质量和促进教育公平①,尤其是网络教学的兴起使个体突破了时间与空间的限制,足不出户便可以获得优质教学资源。这一发展逻辑与高等教育在地国际化模式的理念和作用具有内在相通性,也为高等教育在地国际化的发展提供了有利条件。通过高等教育在地国际化模式创新,有效利用和发挥信息技术对高等教育的赋能作用,有助于应对全球高等教育格局重构的颠簸历程,推动国内和国际教育资源整合,实现中国"科技+教育"的发展目标行稳致远。

最后,在地国际化模式创新是驱动高等教育集聚式发展,发展中国特色教育理念精髓与外延的内在需求。在"十四五"期间,中国高等教育领域的战略重点之一是以发展为导向,实施高等教育集群发展战略,发挥高等教育功能的"集聚—溢出"效应②。相较于欧洲高等教育的制度设计与实施而言,中国高等教育的集群发展主要侧重于建立高校联盟和推进师生教学层面的校际交流。进入新时代,中国的高校已经有条件、有实力、有自信形成具有本土特色、风格和气派的高等教育体系。其中,在地国际化模式创新可以发挥加速器的作用,以点带面、以面带全地推进中国高等教育的集聚式发展进程,在兼容并蓄的国际教育资源吸纳与嵌合中拓展本土高等教育价值外延和特色体系。

二、为国家间激烈竞争提供战略支持

高等教育在地国际化的发展无法脱离具体的国际关系格局。不同国家、院校之间的高等教育合作,以及知识、观念和思想的全球扩散共享,发生在特定国际关系环境中,也被特定的国际关系模式形塑,因而

---

① 钟秉林,王新凤,方芳. 信息科技驱动下的教育变革:机遇、挑战与反思[J]. 南京师范大学学报(社会科学版),2019(5):5-12.
② 张继明,王洪才. 基于协同发展的高校集群治理:我国高等教育治理现代化建设的一个重要向度[J]. 复旦教育论坛,2020(5):12-18.

高等教育在地国际化的创新发展需要充分关注、理解和分析国际形势。中国迫切需要加强自主创新能力建设，牢牢把握历史机遇，推进高等教育创新体系建设、创新学科发展、创新人才培养，这对创新性探索中国高等教育在地国际化模式提出了内在需求。

纵观中国高等教育发展的历史进程，现阶段中国与世界高等教育正处在追赶与超越、借鉴与自主、跟跑与领跑交织交融的状态。中国高等教育在地国际化方案的创新既是提高国家综合实力的客观需要，也是抵御外部风险输入的现实需求，更是提升国际影响力和竞争力的题中之意。

通过建立符合中国实践和本土特色的高等教育国际化模式，中国高等教育在地国际化创新可以一方面夯实现有高等教育体系，进一步扬弃传统价值主张，促进对西方高等教育体系建构的有选择性输入；另一方面，可以在完善国际化课程、师资队伍、教学评估体系等内化目标的基础上，推进"引进来"与"走出去"的融合共进，促进本土性、国际化高等教育品牌的培植，提升国际话语权和国际影响力。

20世纪以来，高等教育国际化的大潮席卷全球，世界出现高等教育国际化"增长热"。然而，对于后进入教育国际化的发展中国家而言，这种快速发展产生了一种特有的负面"迟发展效应"，具体表现为"双重发展效应""同步发展效应""高速效应""超前效应"。在"双重发展效应"上，发展中国家的高等教育国际化目标被外在地决定，不但要追赶发达国家早已达到的教育水平，还要适应高等教育国际化的当前发展趋势，与此同时还要承受发展不平衡的代价；在"同步发展效应"上，发展中国家处于数以百计的国家同时在高等教育赛道争夺的时代，丧失了早期发达国家的人才、资源、市场等先发优势，也难以将后发国家作为自身发展的"外部调节器"，因而高等教育国际化发展路径极为狭窄；在"高速效应"上，发展中国家需要以赶超的方式，将主要发达国家一二百年间的渐进经验积累压缩到几十年之间进行，使早期适应过程中的种种社会失调和潜在风险以更加集中剧烈的方式呈现；在"超前效应"上，发展中国家往往在压力倒逼之下出现不顾实际、急于求成的误区，在对高等教育体系缺少系统规划的前提下，出现碎片化吸收和冒进式发展问题。

相对而言，中国在高等教育国际化发展中已经初步认识到"迟发展效应"的挑战，强调"学先进、找差距、强认识、补短板"的价值主张，而在地国际化模式创新可以进一步促进相关实践的提质升级。通过自主办学、本土创新，在借鉴和反思传统高等教育国际化模式和当前在地国际化理念的基础上，进行从头到脚的中国式高等教育在地国际化模式升级，将是持续改进中国高等教育体系和质量，不断提高中国综合国力的必然路径。

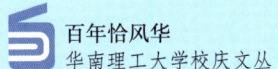

中篇

第五章
高等教育在地国际化的基本层次

第六章
中国特色高等教育在地国际化的基本原则

第七章
中国特色高等教育在地国际化的行动架构

第五章

高等教育在地国际化的基本层次

20世纪80年代以来,全球化浪潮席卷世界各国的政治、经济、文化与社会等领域,也重塑了世界高等教育格局。为了顺应时代发展需求,各国纷纷加入高等教育国际化队伍,在高等教育体系和人才培养模式上与国际接轨,在培养目标、教学内容和专业设置方面向国际水平靠拢。在这一过程中,高等教育在地国际化的发展从对教育理念、人才、教材、项目、课程等单一要素的吸纳,到结合本土文化特点的创造性转化,在高等教育国际化与国家发展战略的全面对接与深度融合方面涌现大量探索实践。

依据高等教育要素的不同维度、不同方式的组合,可以将高等教育在地国际化从低到高划分为三个基本层次:初阶——散点式的要素迁移,中阶——模块式的物理拼装,高阶——集成式的系统融合。其中,初阶层次强调以要素为单位的碎片化吸收,表现形式为引入个别的国外人才、课程、教材等高等教育资源,开展师生短期交流、个别学者互访、若干项目的技术援助与合作、国际性学术会议等活动；中阶层次强调以模块为单位的物理性汇集，表现形式为开展成建制的学分互换、学位接轨，在专业结构和课程设置等教学板块上更加完整地吸纳国外高等教育资源；高阶层次强调以系统为单位的化学性融合，表现形式为从教育理念到教育组织上实现全面的国际化接轨，进行更深层次的国际高等教育资源的系统引进和本土融合，在创造性转化过程中回应国家发展战略和人民对优质高等教育的更高需求[①]。

---

① 陈向丽，付有龙. 经济全球化背景下的中国高等教育国际化问题与对策探析［J］. 中国成人教育，2011（18）：10-11.

第一节
初阶：散点式的要素迁移

高等教育在地国际化发展的初阶形式主要表现为散点式的要素迁移，即国际学者、留学生、课程教材、跨境项目与国际会议等高等教育资源的碎片式吸纳。该层次的高等教育在地国际化资源吸纳往往是独立和分散的，而非结构化的，各要素之间未能形成一套完整的教育体系，也不以"以我为主"的本土化发展为核心目标。概言之，初阶层次的高等教育在地国际化是零散和较为简单的资源移植，强调通过国际化资源的引进实现本国高等教育个别环节、局部要素的"点状"优化。

一、以要素为单位的碎片化吸纳

散点，顾名思义为分散的点，常被用于数学图表中的"散点图"；"散点式"分布多指单位主体之间、主体内部各要素之间没有明显的连接物或连接线，亦即不存在某种相互关系，呈现独立的、互不影响的分散随机式分布特征。高等教育在地国际化的初阶层次便表现为一种散点式的要素迁移，主要是在学生、教师、教学等数个"点"上进行分散性、铺排性的发展，各"点"之间不成体系亦不发挥合力作用，整体上呈现较大的随机性特征。如果将高等教育在地国际化的"散点图"比作一个盘子，那么散落分布的点就是"大珠小珠落玉盘"。各个高等教育国际化要素宛如玉盘上的一颗颗珠子，彼此之间是相互独立的，还未"串"成一条线或形成一个整体。

具体而言，初阶层次的高等教育在地国际化主要涉及以下五个要素的散点式发展：

一是国际化教育理念。高等教育在地国际化的前提是教育理念国际化，即从人类整体利益和全球视角出发来认识教育的本质和作用，认识教育的改革和发展问题。正如美国高等教育专家科尔指出的，教育关注的是整个世界，而不只是其中的某一部分，高等教育要面向世界发展。散点式的高等教育在地国际化主张在思想方面培养学生的国际意识，亦即培养学生深刻理解多元文化的能力，能够在不同民族、文化的国际交流中充分沟通思想，从国际社会和全人类的广阔视野出发来判断事物；在能力方面，则主张培养学生的国际市场竞争能力，主要表现为培养学生懂科技、通外语、会经营等能力，使学生掌握一些将来在国际社会环境中工作所必备的知识和技能，能够顺利适应国外工作和生活环境[①]。

二是国际化课程。初阶层次的高等教育在地国际化表现为在部分课程中增加国际化的内容，拓宽学生的国际视野和培养学生的国际化生存能力。譬如从国外引入专门的国际教育课程，在通识课程中设置国际性和全球化议题，促进学生学习了解多元社会文化；实施英语学位学制政策，开设以英语为主的外语课程，提升本土学生与国外学生的语言交流和沟通能力；从国外引进教材，借鉴哈佛大学、牛津大学等欧美世界一流高校的国际化课程设置经验，引进国际化通识课程和专业课程等。

三是国际化人员。初阶层次的高等教育在地国际化已注重进行国际学生和教师的交流互动。在这一过程中，各高校一方面吸引了大规模的国外学生留学，推动本土学生与国外学生之间的相互学习，扩展课程内容的国际广度，开展跨文化的研究讨论。另一方面，也普遍积极引进外

---

① 笔者注：从实际效果看，在散点式的高等教育在地国际化培养体系下，学生往往难以深入熟练掌握这些能力，而是仅能处理日常出现的简单和零散的问题。

籍教师，加强本土教师与外籍教师的互动学习，优化学生多样化的教学体验。教师是实现高等教育在地国际化的一条捷径，具有国际知识和经验的教师可以直接推动教学、科研向着国际化方向发展。此外，在优化师资结构之余，散点式的高等教育在地国际化还表现为探索跨国研习和校内联合培养模式，邀请国际知名学者、专家进行定期访问和讲学，或者聘请知名学者为名誉教授或客座教授，使教师队伍趋于国际化。不过，这些交流总体上是零散和随机的，鲜有形成一套系统可持续的管理体制。

四是国际化学术研究与会议。联合国教科文组织在1995年发布的《关于高等教育的变革与发展的政策性文件》中指出："国际合作是世界学术界的共同目标，而且还是确保高等教育机构的工作性质和效果所不可缺少的条件，高等教育已在知识的发展、转让和分享方面发挥了主要作用，因而学术上的国际合作应为全面开发人类的潜力作出贡献。"从初阶层次的高等教育在地国际化实践看，国际化学术研究合作与交流主要有两种形式：一是设立国际合作项目，使学生接触不同国家、不同民族的文化思想与国际专家的专业指点；二是召开国际学术会议，进行不同形式的学术交流与观点碰撞。在一定程度上，这些零散的国际学术交流与合作不仅能够提高高校的学术研究水平，也有利于国际化人才的培养。

五是国际化教学设备。先进的办学条件和优良的教学研究设备是学校建设和实施教学活动的物质基础，也是提高教学和研究水平的重要抓手。初阶层次的高等教育在地国际化注重从国外引入优质的教育硬件，主要包括互联网媒体教学、国际化图书馆资源与现代化设备补充更新等。先进教学工具的运用为学生和教师学习掌握国外前沿科研信息和成果，接受先进教学模式等提供了便捷条件。例如，借鉴国际先进教学经验，将传统的磁性黑板换成交互智能触屏平板一体机，不仅实现了高效便捷的教学书写展示，还能实现多媒体跨国交互、同步网络会议等多项功能，在一定程度上扩展了学生获取知识的边界。该层次的教学设备引进升级虽然较为零散，但为进一步的创新扩散和经验学习提供了基础，为改善高等教育在地国际化办学条件和解决传统高等教育国际化的突出难题提供了方向启发。

二、积极成效与潜在局限性

在初阶层次的高等教育在地国际化实践中，上述国际化资源的吸纳主要是零散性地从国外迁移至国内，在高等教育的众多单个要素领域初步实现了先进教育经验的吸纳，也为填补传统高等教育国际化的缺陷和推进高等教育在地国际化的进一步发展奠定了基础。具体而言，该层次的高等教育在地国际化主要在以下方面取得了初步成效：

一是超越传统高等教育国际化的"地域"局限性，在一定程度上缓解了高等教育国际化的"公平—效率—成本"等问题。传统高等教育国际化模式注重学生的跨国境流动，通过跨文化与多元化教育环境来潜移默化地影响学生的成长。但这种跨境流动也成为一种高成本"游戏"，只有具备足够经济资源和智力资本的群体才能获得参与"游戏"的机会，而那些无法负担高成本投入的弱势群体被拒之门外，造成少数学生受益而大部分学生被排斥在高等教育国际化大门之外的结果。这种精英主义取向的国际化造成教育不公的事实，正如贝伦指出的："并非所有学生都有流动机会，虽然流动可以为少数流动学生带来额外的好处，但不应以牺牲所有人的国际化为代价"，对此，"在地国际化的目的是让国际化拥抱整个大学，惠及所有师生"[1]。初阶层次的高等教育在地国际化已着眼于在本国或本校解决传统国际化的跨国流动使大多数学生无

---

[1] 简·奈特. 国际化的五个误解与五个事实[J]. 杨勇，编译. 世界教育信息，2013（22）：56-57，72.

法享受到国际教育的问题，迈出了帮助全体学生在不离开母国的情况下接受国际性教育机会的第一步。这已超越了传统高等教育国际化模式将学生的地理空间位置移动视为必需的局限性，克服了跨境流动带来的诸多障碍，从而使高等教育国际化在价值取向上从"精英主义"走向"普惠主义"。

二是引进部分国际化高等教育资源，缓解了资源相对不足约束下的教育发展矛盾。初阶层次高等教育在地国际化开启了由外而内引进先进国际教育理念和教育资源的大门，虽然相关措施是碎片化、随机性的，但对改革吸纳国的既有高等教育体系而言仍大有裨益。例如，从中国实践看，早期零散引进的"服务意识""学生顾客""教育品牌"等一系列新的高等教育市场理念，渐进冲击了以往"以教定学""以教师为中心"的传统理念，推动了高等教育理念的革新；个别国际化课程和新专业的开设，也作为一个新支点成为高校学科建设和师资队伍调整的重要变量；此外，初阶层次的高等教育在地国际化从西方教育发达国家引进了一定数量的教育资金和先进的教育设备，也吸引了部分企业、财团以多种方式投资教育事业，在一定程度上盘活了教育资源，改善了中国高等教育在地国际化的办学条件；初阶高等教育在地国际化过程中，高校主体为解决师资短缺问题，向教育发达国家引进大量高层次教师人才。这些高层次教师人才也成为进一步打造高等教育在地国际化教师专业队伍的骨干力量和重要基础。以要素为单位的国际性教育资源引入总体上弥补了国内教育资源的不足，在初始资源积累和经验摸索层面具有不可或缺的重要意义。

不过，在为高等教育在地国际化奠定基础和探索方向的同时，初阶层次的高等教育在地国际化也因碎片化的要素吸纳模式暴露出诸多问题，主要包括：

一是各类国际化资源要素未能形成系统合力和发挥整体效应。从系统论视角看，要素与系统之间是事物部分和整体的关系，系统内部的各个要素具有其他要素不可替代的独特功能，各个要素各司其职地在整体上构成了一个协调有序、高效运转的有机系统。初阶层次的高等教育在地国际化主要表现为对局部教育要素的散点式移植，零散和碎片化地从国外引入理念、技术、人才、教材、项目等高等教育要素，只能解决本土高等教育国际化发展的个别环节和局部问题。各要素缺少有机整合基础上的系统合力作用，譬如引入部分国际先进高等教育专业和课程体系有利于改造本土学科建设体系和师资队伍结构。但是，如果不从整套教育体系的层面出发来思考所引入专业和课程体系背后的结构化逻辑，孤立和局部开设的国际化课程难以培养出全面发展的国际化人才，也难以在高等教育国际化的世界舞台上占据竞争优势。

二是初阶层次的高等教育在地国际化办学模式仍然面临教育主权流失的问题。作为国家主权基本范畴的逻辑延伸和文化主权的重要内容，教育主权是一个国家固有的处理国内教育事务和在国际上保持教育独立自主的最高权力，与经济主权、政治主权、文化主权和信息主权等一样关乎国家整体安全与稳定发展大局。在初阶层次的高等教育在地国际化发展模式下，高等教育欠发达国家由发达国家引进的碎片化教育资源在促进教育文化事业发展的同时，也容易面临不同文化价值观的冲突问题。在高等教育国际化发展方面存在相对劣势的情况下，不可避免地会受到西方发达国家教育模式的冲击。在缺乏整体选择性和结构性设计的散点式发展模式下，高等教育在地国际化的课程内容、项目开展等过程很难建立足够的自主性。

第二节
中阶：模块式的物理拼装

与初阶高等教育在地国际化的散点式要素迁移不同，中阶高等教育在地国际化的主要特点是模块式的物理性汇集，主要表现为从国外引入学科、学院、学位、学分体系等不同单位的高等教育"要素集合体"，并开始以整体性思维进行不同"要素集合体"的组合，优化本土高等教育国际化的组织机构。这种模块式的高等教育在地国际化初步缓解了散点式要素迁移的碎片化局限，从单一、零散的课程、教材等要素引入转向成套的教育教学体系复制，一定程度上形成了不同教育要素发挥合力的整体效应，提升了高等教育在地国际化办学的质量。不过，整体而言，该层次的国际化高等教育要素组合仍然以非结构化的局部拼盘为主，更多是物理性组装而非化学性整合，与初阶层次的高等教育在地国际化也更多是"量"的差别而非"质"的不同。

一、以模块为单位的物理性汇集

"模块"一词常被用作程序设计术语，是指一组具有同一功能和接合要素的构成单元，这些单元的性能、规格、结构不同但能互换或组合，亦即模块是由单个要素组合而成的单元集合体。相比于散点式发展的初阶高等教育在地国际化，模块式的高等教育在地国际化是更加成熟的样态，通过对零散要素的"打包"与组合引进，一方面超越了碎片化迁移的随机性局限，能够发挥更加全面的国际化高等教育体系的组织合力；另一方面，也初具高等教育在地国际化的组织建设意味，从孤零的要素优化迈向了组织架构升级。

从"硬件"与"软件"的相对区别角度，我们可以将初阶高等教育在地国际化定位为"硬件"优化层次，改进的是看得见、摸得着的局部构件或设备问题；而中阶高等教育在地国际化可定位为"软件"优化层次，主要改善的是无形的教育结构及其运行逻辑问题。软件层次的结构优化比单个要素的拓展和升级更加复杂，内容也往往更加丰富。具体而言，中阶层次的高等教育在地国际化主要涉及学分学位体系、招生模式和组织机构等方面要素的模块式创新。

一是国际化的学分学位体系。学分制作为衡量学生学习量和毕业标准的一种教学管理制度，既关系到学生个人是否能够按时顺利毕业，也关系到高等教育在地国际化的人才培养质量。中阶层次的高等教育在地国际化往往不仅从国外引进个别国际化师资、教材或技术等要素，弥补高等教育在地国际化发展过程中优质教育资源短缺的问题，还常常参照建立与高等教育发达国家双方互认的学分学位体系，实现校际学分体系的对接和统一，促进高等教育在地国际化办学理念、课程体系和教学模式等的整体性改革。例如，中国高等教育在地国际化发展过程中采用了"2+2""1+2+1""3+2"等教学模式，学生在国内学习相应的年限后到国外学习，在修满规定的学分后获得双方学校颁发的毕业证书和学位证书。这种学分互认机制，拓宽了高等教育在地国际化的学分与学位体系，也反过来对高等教育在地国际化学校的育人体系和学科建设具有正向促进作用。

二是独立的招生模式。独立的招生模式是在组织层面进行高等教育在地国际化办学体系创新的改革重点，也是中阶高等教育在地国际化区别于初阶高等教育在地国际化模式的一个显著特征。《中华人民共和国高等教育法》规定"高等院校根据社会需求、办学条件和国家核定的办学规模，制定招生方案，自主调节系科招生比例"，在法律层面上授予了高等学校的自主招生权；同时，《教育部办公厅关于做好高等教育自主选拔录取改革试点工作的通知》指出，"根据创新人才选拔和专业培养需要，积极探索以统一考试录取为主、与多元化考试评价和多样化选拔录取相结合，学校自主选拔录取、自我约束，政府宏观指导、服务，社会有效监督的选拔优秀创新人才的新机制"。基于上述文件精神，越来越多的高等教育在地国际化高校积极进行招生制度改革，譬如探索"基于高考的综合评价录取模式"（即"631"模式，高考成绩60%+自主测试30%+平时成绩10%），采用三方面成绩综合评估录取学生。这种独立的招生模式是对初阶高等教育在地国际化的单一考核入学方式的继承与创新，有利于更加灵活地选择和培养更多国际化发展潜质突出、综合素质全面的人才，也在底层逻辑上为高等教育在地国际化的结构性体系创新打开了发展空间。

　　三是国际化的组织机构。高等教育在地国际化的持续有序发展需要科学合理的组织保障，中阶层次的高等教育在地国际化普遍在教学管理机构、班级或宿舍设置等方面进行了组织机构创新。一方面，理想的高等教育在地国际化组织机构应当是集权与分权的结合体。其中，较为常见的拥有集权的"单一窗口"办公室主要是为开展国际性活动提供咨询、协调等服务，而其他下设的学院、系所、中心以及其他分权化的内部单位则各司其职地发挥专责职能。例如，一些高等教育在地国际化高校设立的国际事务专责单位，联合各二级学院、系所等集中管理校内国际化建设，同时各高校积极寻求院校间的战略联盟，实现资源共建共享，共同促进联盟院校国际化品质提升。另一方面，在班级和宿舍组织模式上，模块式高等教育在地国际化发展体现为对国外高校班级和宿舍的组织模式进行借鉴基础上的改进。例如，推行全英语授课的"国际学士学位课程"，按比例招收英语水平较高的国际学生与本地学生，突破以往本土学生与国际学生人为分隔的班级组织模式；在宿舍组织模式上则打破以往本土学生与外籍学生之间的分隔住宿制度，实行本地学生与外籍学生混合住宿模式，进一步推进两者之间的有效交流与互动。

除了以上三大模块的要素汇集，中阶高等教育在地国际化的发展也体现为由高等教育发达国家引入整套学科教学体系、教育评价与研判体制、高校内部治理体制等。整体上，以模块为单位的国际化资源引进在更高层次上推动的是高等教育在地国际化的体制建设和组织优化，是高等教育在地国际化的更广范围、更加成熟的发展形态。

二、积极成效与潜在局限性

作为更高层次的实践探索，中阶高等教育在地国际化实现了对初阶高等教育在地国际化的超越，在局部资源的整合、集合资源的汇集和组织结构的优化等方面，体现出更优的国际化高等教育资源吸纳效益和整体建设成果。

一方面，中阶高等教育在地国际化初步挖掘和激活了各类国际化高等教育资源要素的系统合力。作为不同要素组成的单元集合体，模块构成了复杂系统中相互独立且交叉的若干功能构件，可以集成式满足相关主体的多方位需求。相较于初阶层次的高等教育在地国际化，中阶高等教育在地国际化的发展过程更加具有集成性、灵活性、针对性、经济性等特点，对各相关资源要素的打包引进有助于形成规模效应，实现局部资源利用效益的最大化和整体资源结构的体系化发展。例如，模块式的国际化教学是将国外大量优质课程、教材等教学内容按一定体系组成若干单元的教学模块，从而在丰富性、包容性和系统性上尽可能适应教育市场的不同层次和目标需求，满足大多数学生或者不同类型学生的学习特点、兴趣、知识结构情况。另一方面，中阶高等教育在地国际化初步从体制机制层面，推进了高等教育在地国际化的组织机构建设。该层次的高等教育在地国际化以模块为单位从教育发达国家整体引入教育教学要素，弥补了本土高等教育在地国际化发展体系架构的不足和经验缺口，可以在组织机构优化层面为进入更高层次的高等教育在地国际化发展探明方向，加快推进高等教育在地国际化发展。

不过，尽管中阶高等教育在地国际化实现了零散要素的模块化整合，取得了新的发展成效，但这种模块化整合只是物理性的，且仍然具有局部要素的较大随机性局限。既有的中阶高等教育在地国际化模式主要是将更多相关教育要素进行打包处理，在简单汇集而非系统融合层面进行了初级的模块内整合，模块与模块之间往往仍旧缺乏紧密的关系联结。概言之，中阶层次高等教育在地国际化局限于要素吸纳的物理性叠加，而相对缺乏整体性设计基础上的化学性融通。这一局限的具体表现和影响主要有以下两个方面：

首先，不彻底的模块整合导致"同质化"困境。以模块为单位的国际化教育资源引进仍然具有盲目性，打包引进的国外学科体系、学分与学位体系等未必符合本土教育情境，且存在整体照搬而来的转化难、同质性等问题[①]。国外教学模块内含的社会文化和制度基础也存在内在的国家间差异，在移植到本国情境并扎根发芽的过程中不可避免地存在复杂漫长的过渡性成本，并面临政策调整与效果反馈的滞后性挑战。其次，中阶层次的高等教育在地国际化仍然是外部移植为主，而非本土化创新为主，在本土特色挖掘上面临瓶颈。模块式的国际化教育要素引进多是向西方直接借鉴，"以我为主"的再加工和再创造不多。这既不利于形成本国高等教育在地国际化发展的特色和核心竞争力，也容易在供需错位中消解本国学生的学习热情以及对本民族文化的学习兴趣和认同，出现附庸于国外高等教育体系的现象。

---

① 张睦楚. 我国中外合作办学政策的难为之境及其理性选择[J]. 当代教育科学，2017（3）：28-31.

以往本土学生与国际学生人为分隔的班级组织模式；在宿舍组织模式上则打破以往本土学生与外籍学生之间的分隔住宿制度，实行本地学生与外籍学生混合住宿模式，进一步推进两者之间的有效交流与互动。

除了以上三大模块的要素汇集，中阶高等教育在地国际化的发展也体现为由高等教育发达国家引入整套学科教学体系、教育评价与研判体制、高校内部治理体制等。整体上，以模块为单位的国际化资源引进在更高层次上推动的是高等教育在地国际化的体制建设和组织优化，是高等教育在地国际化的更广范围、更加成熟的发展形态。

二、积极成效与潜在局限性

作为更高层次的实践探索，中阶高等教育在地国际化实现了对初阶高等教育在地国际化的超越，在局部资源的整合、集合资源的汇集和组织结构的优化等方面，体现出更优的国际化高等教育资源吸纳效益和整体建设成果。

一方面，中阶高等教育在地国际化初步挖掘和激活了各类国际化高等教育资源要素的系统合力。作为不同要素组成的单元集合体，模块构成了复杂系统中相互独立且交叉的若干功能构件，可以集成式满足相关主体的多方位需求。相较于初阶层次的高等教育在地国际化，中阶高等教育在地国际化的发展过程更加具有集成性、灵活性、针对性、经济性等特点，对各相关资源要素的打包引进有助于形成规模效应，实现局部资源利用效益的最大化和整体资源结构的体系化发展。例如，模块式的国际化教学是将国外大量优质课程、教材等教学内容按一定体系组成若干单元的教学模块，从而在丰富性、包容性和系统性上尽可能适应教育市场的不同层次和目标需求，满足大多数学生或者不同类型学生的学习特点、兴趣、知识结构情况。另一方面，中阶高等教育在地国际化初步从体制机制层面，推进了高等教育在地国际化的组织机构建设。该层次的高等教育在地国际化以模块为单位从教育发达国家整体引入教育教学要素，弥补了本土高等教育在地国际化发展体系架构的不足和经验缺口，可以在组织机构优化层面为进入更高层次的高等教育在地国际化发展探明方向，加快推进高等教育在地国际化发展。

不过，尽管中阶高等教育在地国际化实现了零散要素的模块化整合，取得了新的发展成效，但这种模块化整合只是物理性的，且仍然具有局部要素的较大随机性局限。既有的中阶高等教育在地国际化模式主要是将更多相关教育要素进行打包处理，在简单汇集而非系统融合层面进行了初级的模块内整合，模块与模块之间往往仍旧缺乏紧密的关系联结。概言之，中阶层次高等教育在地国际化局限于要素吸纳的物理性叠加，而相对缺乏整体性设计基础上的化学性融通。这一局限的具体表现和影响主要有以下两个方面：

首先，不彻底的模块整合导致"同质化"困境。以模块为单位的国际化教育资源引进仍然具有盲目性，打包引进的国外学科体系、学分与学位体系等未必符合本土教育情境，且存在整体照搬而来的转化难、同质性等问题[①]。国外教学模块内含的社会文化和制度基础也存在内在的国家间差异，在移植到本国情境并扎根发芽的过程中不可避免地存在复杂漫长的过渡性成本，并面临政策调整与效果反馈的滞后性挑战。其次，中阶层次的高等教育在地国际化仍然是外部移植为主，而非本土化创新为主，在本土特色挖掘上面临瓶颈。模块式的国际化教育要素引进多是向西方直接借鉴，"以我为主"的再加工和再创造不多。这既不利于形成本国高等教育在地国际化发展的特色和核心竞争力，也容易在供需错位中消解本国学生的学习热情以及对本民族文化的学习兴趣和认同，出现附庸于国外高等教育体系的现象。

---

① 张睦楚. 我国中外合作办学政策的难为之境及其理性选择 [J]. 当代教育科学，2017（3）：28-31.

第三节
高阶：集成式的系统融合

从全球化视角来看，一个国家的高等教育既是世界高等教育体系的有机组成部分，也在选择性学习和反向作用上影响着世界高等教育体系的整体格局。高等教育在地国际化的发展是一项全球共同利益，更关乎一个国家的人民福祉和社会可持续发展。而为了最大限度地服务于人民和国家发展的需要，健全的高等教育在地国际化模式必然是"以我为主，为我所用"的外部要素吸纳与转化，并在最终目标上走向引领。对此，无论是散点式还是模块式的国际化高等教育要素移植都存在明显局限性，高等教育在地国际化需要将"立足本土看全球"和"立足全球看本土"相结合，通过对国际化优质教育要素的集成式系统融合，走向更高阶的发展层次。

一、以系统为单位的化学性融合

高阶层次的高等教育在地国际化表现为对国外高等教育要素的集成式吸纳和系统性融合。所谓集成，即集聚而成，既与散点相对，也与模块不同。如果说散点式吸纳的高等教育要素之间主要是孤立和互不影响的关系，那么集成式吸纳的高等教育要素之间则是强调相互紧密关联的组合关系。同时，相较于模块式的高等教育在地国际化，集成式的高等教育在地国际化更强调各类教育要素的吸纳并非机械地相加，简单地堆砌或随机地拼凑在一起，而是按照各个教育要素之间的有机联系，使若干个从国外引进的不同功能的教育模块形成一个有机整体，并基于国内教育情境进行因地制宜的创造性转化和结构性应用，在化学性融合的层面构建系统的高等教育在地国际化体系。

概言之，该层次的高等教育在地国际化不仅要突破初阶、中阶层次的多重局限性，还注重在外部吸纳基础上的再创新，在坚持"以我为主，为我所用"的原则上，牢牢把握办学主导权，充分体现民族特色，实现高等教育在地国际化与国家发展战略的全面对接与深度融合。具体而言，高阶层次的高等教育在地国际化实践主要体现出以下三个特征：

一是基于本土实际的系统性吸纳。中阶高等教育在地国际化注重从国外引入高等教育体系的局部模块，但缺乏充分结合本土实际情况下的改造与创新。相比之下，高阶高等教育在地国际化一方面强调对国外高等教育资源要素和模块的全面性、结构化吸纳，形成涵盖人才培养、学科建设、科学研究等完整领域的高等教育在地国际化体系；另一方面，注重对所引进的国外高等教育体系进行本土化改造，创建符合本国情境的新型高等教育在地国际化模式。

二是"以我为主"的教育主导地位。在初阶和中阶层次的高等教育在地国际化实践中，高等教育欠发达国家在从西方教育发达国家吸纳优质教育资源的同时，往往伴随着多元价值观冲击，出现高等教育主权流失和文化附庸现象。针对这些负面问题，高阶高等教育在地国际化更加注重坚持"以我为主，为我所用"的原则，强调对办学自主性、内容主导性和教学评价方向的自主把握。

三是突出民族特色的国际话语建构。初阶和中阶层次的高等教育在地国际化模式侧重由外而内的国际教育资源引进，较少强调在吸纳过程中结合本国具体实际情况，弘扬民族特色与民族精神。相比之下，高阶高等教育在地国际化的发展主张立足高等教育的本土文化基础，探索具有本国民族特色的教育模式，并在更高目标上走向由内而外的高等教育在地国际化模式输出与话语建构。

二、积极成效与发展空间

教育模式的选择一定程度上决定着教育目标实现的可能性，更加先进的高等教育在地国际化体系有助于提升教学质量和人才培养水平，并关乎整体国家安全与社会发展大局。高阶层次的高等教育在地国际化是对初阶、中阶高等教育在地国际化从量变到质变的模式升级，对国际高等教育资源的全面吸纳和以我为主的重新组合有助于形成一套新的高等教育在地国际化模式，克服既有实践过程中存在的现实难题与风险，推动高等教育在地国际化模式的螺旋式上升。进一步来看，高阶高等教育在地国际化可以更好地解决跨体系的国际化问题，辩证地协调国际化与民族性、全球化与本土化之间的关系。因此，这一更高层次的化学性融合过程在系统引进国际高等教育要素或模块的同时，实现的是对国际优质教育资源的本土性嵌合与创造性转化，可以促进高等教育在地国际化发展与国家发展战略的全面对接与深度融合。

不过，从发展现状看，高阶层次的高等教育在地国际化仍主要停留在理念层面，鲜有国家和高校进行系统的实践。从中国情况看，高阶层次的高等教育在地国际化理念和部分做法在一些高校的国际化教育实践中或多或少得以呈现，但既不全面，也不清晰。

此外，需要认识到的是，同一个国家的不同高校或同一个高校在不同时期可能存在不同层次的高等教育在地国际化模式；初阶、中阶、高阶三个层次的高等教育在地国际化本身也主要是相对差别，而非绝对不同，三者更多是主导要件或程度之别，且存在混合交叉地带。对高等教育在地国际化层次的划分和认识应服务于高等教育在地国际化的行动重点与发展方向的明晰，要避免在超越简单化认知的同时陷入绝对化认知的行动误区。

第六章

中国特色高等教育在地国际化的基本原则

在地国际化是中国高等教育领域的新生话语,作为一个"舶来品",在与中国传统高等教育理念融合的过程中,难免会出现南橘北枳、水土不服等状况。因此,我们在系统推进中国特色高等教育在地国际化之前,应先明确其行动的基本原则,以便指引中国特色高等教育在地国际化实践朝着既定的轨道有序开展。为进一步实现中国高等教育"扎根中国,剑指一流"的重要目标,中国特色高等教育在地国际化应遵循以我为主、中西合璧、前沿引领、走向世界等基本原则。

第一节 以我为主

坚持以我为主基本原则，是衡量中国特色高等教育在地国际化的第一标准。以我为主，就是在道路自信层面坚持教育强国的办学方向，贯彻自主管理的过程导向，牢牢掌握好高等教育在地国际化办学的主导权，永葆立德树人的初心，坚定为国育才的立场，解决好"培养什么人、怎样培养人、为谁培养人"这一事关国家前途命运的根本问题，培养出立志为强国建设、民族复兴伟业不懈奋斗的国际化人才。

一、坚持教育强国的办学方向

育才造士，为国之本。2024年9月，习近平主席在全国教育大会上强调，建设教育强国是一项复杂的系统工程，需要我们紧紧围绕立德树人这个根本任务，坚持和运用系统观念，正确处理支撑国家战略和满足民生需求、知识学习和全面发展、培养人才和满足社会需要、规范有序和激发活力、扎根中国大地和借鉴国际经验等重大关系。中国高校的在地国际化建设要以教育强国为价值导向，扎根中国大地，融通中外，确保办学理念与教育强国建设的目标相一致。

第一，在"培养什么人"维度上，培养德智体美劳全面发展的时代新人。首先，中国特色高等教育在地国际化要把立德树人的成效作为检验学校一切工作的根本标准，明确德智体美劳全面发展的培养目标，在办学过程中注重以文化人、以德育人，不断提高学生的思想水平、道德品质、文化素养。其次，中国特色高等教育在地国际化要以正确的世界观和价值观为基本遵循，培养符合社会发展、知识积累、文化传承、国家存续、制度运行所要求的，能够担当民族复兴大任的时代新人。要以培养国家发展所需的人才、认同国家发展方向的人才为价值目标，处理好守正与创新、传承与发展的关系，培养拥有远大志向、全球视野和大国格局的学生。

第二，在"怎样培养人"维度上，传承中华优秀教育传统，立足世情与国情的宏观需求、省情与市情的客观条件以及本校办学实情，以新时代国家的教育方针指导办学实践。首先，中国特色高等教育在地国际化要以德育为引领，实施德智体美劳"五育并举"，在办学过程中注重全面提升学生的政治素质、理论素质、思想素质、道德素质和心理素质，形成更高水平的人才培养体系。其次，中国特色高等教育在地国际化要围绕各时期社会现实问题推进各项办学任务，立足学科交叉融合，开展多学科的综合研究，优化课程体系和教学内容，培养国家社会经济发展所需要的高素质创新型人才。

第三，在"为谁培养人"维度上，要立足国家和民族发展需求。首先，中国特色高等教育在地国际化培养的人才要为人民服务，坚持以人民为中心的教育发展理念，办公平而有质量的教育。其次，中国特色高等教育在地国际化培养的人才要为治国理政服务，引导学生增强民族认同、文化认同和制度认同，帮助学生正确理解国家治理的历史逻辑和现实逻辑，鼓励学生成长为有理想、有信念、有担当的奋斗者①。

二、贯彻自主管理的过程导向

坚持以我为主作为衡量中国特色高等教育在地国际化的第一标准，

---

① 冯建军. "培养什么人、怎样培养人、为谁培养人"的中国答案 [J]. 教育研究与实验，2021（4）：1-10.

除了在办学方向上坚定教育强国这一正确办学道路，还要在办学过程中贯彻好自主管理这一正确管理模式，做到因地制宜、因校制宜、因人制宜，制定出具有本国、本校特色的在地国际化策略，在战略规划、教学体系、评价体系、成果使用四个方面充分体现主导地位。

第一，在战略规划中坚持以我为主的基本原则。首先，要立足国家发展导向和本土社会价值观，将办学价值导向落实到在地国际化的办学章程及各项办学制度中[1]。其次，要正确理解高等教育在地国际化的内涵，认清国际化的关键因素不是"西化"，处理好扎根本土文化、夯实中国内涵、树立开放思维、立足国际视野、理解文化差异等关键环节，最大化发挥高校教与学、科研与知识生产、服务社会等教育功能。再次，要打破传统高等教育国际化中的管理和运行机制，立足高校自身战略定位、优势学科和特色专业领域，建立起以服务为本的在地国际化推进机制，探索适合本校的在地国际化模式。

第二，在教育教学体系中坚持以我为主的基本原则。首先，在课程设置方面要注重国内教师团队与外籍教师之间的有效合作，强化国内学科教材体系与外国教材的有机联系，将本土元素、国内外前沿性科研文化成果、国际化视野融入课程内容设计之中，优化高等教育在地国际化课程教学策略的实施效果，使课程设置适应中国社会发展的需要[2]。其次，在师资队伍方面要以稳定的学科建设和长期的人才梯队培养为重要抓手，让国内教师成为国家教育方针的忠诚执行者和开发中国特色的国际课程的实施者，为保障和提高在地国际化的高校教学质量提供长足稳定的师资力量。最后，在校园氛围方面要注重适宜的、国际化的校园环境建设，根据自身的历史底蕴、战略定位、地理位置、物质资源和师生状况

---

[1] 刘杏. 高等教育国际化进程中的教育安全风险及其应对[J]. 浙江学刊，2017（5）：194-198.
[2] 张彦华. 我国高等教育在地国际化课程教学策略研究[J]. 西南交通大学学报（社会科学版），2018（4）：98-107.

等特征，充分发挥自身优势，以理性包容和开放多元为着力点，打造适宜在地国际化发展的良性校园教育环境①。

第三，在评价体系中坚持以我为主的基本原则。要正确看待当前以西方国家为主导的知识生产范式和科学发展进程，破解学术评价中"唯学历、唯资历、唯帽子、唯论文、唯项目"的现象，增强学术理论框架和评价体系的自主性。同时，要坚持学术理论研究的自主性，在主动融入国际学术评价、强化各类成果的国际化支撑的同时，在职称评审、人才项目、学科评估等各类项目中注重构建自主性评价指标，优先支持具有自主创新的理论研究成果，逐步构建具有中国特色的自主性学术理论框架和学术评价制度②。

第四，在成果使用中坚持以我为主的基本原则。首先，高校的根本任务在于立德树人，人才培养是衡量一所高校办学质量的重要指标，是高校办学成果的重要体现。在成果使用中坚持以我为主的基本原则，就是要在人才培养层面实现"以我为主，为我所用"。其次，高校的一项基本职能在于科学研究，科研成果是衡量一所高校办学水平的重要指标。在成果使用中坚持以我为主基本原则，就是要在科学研究层面体现"以我为主，为我所用"，即科学研究要立足中国实践，解决中国问题，要强化确立科研成果服务社会的学术精神，将科学研究与国家的发展需求和利益诉求相融合，制定合理的科研政策及其管理制度，用高质量的科研成果为经济社会发展提供服务。

---

① 张伟，刘宝存. 在地国际化：中国高等教育发展的新走向［J］. 大学教育科学，2017（3）：10-17，120.
② 陈宝胜. 自主性的国际化：超越哲学社会科学的自主性与国际化之争［J］. 中国高教研究，2020（12）：54-60.

第二节　中西合璧

中国特色高等教育在地国际化是一项系统工程。中国高校的在地国际化办学不是简单的西方化，即通过"拿来主义"照搬西方国家的教育理念、管理模式、教学体系和评价标准等要素；也不是完全的本土化，即过分强调中国特色、区域特色、本校特色；而是基于本土情境对借鉴的西方教育经验和引进的各类要素有着独立自主的衡量标准，并逐步形成自己的办学体系和认定标准的在地国际化。为此，中国特色高等教育在地国际化要坚持"中西合璧"基本原则，处理好国际化和本土化两个维度关系，既要学习和借鉴西方教育体系的先进经验，又要根植和延续中国教育体系的建设经验，坚持西方经验与中国本土情境相结合，与此同时，统筹兼顾中国西方文化精髓，充分发挥西方先进教育资源的驱动作用和中国特色文化的传统底蕴，形成有效合力。

一、西方经验与本土情境结合

中西方教育各有所长，西方的教育体系、教育观念和教学方式在国际上具有先进之处，也含有可以适用于不同时空情境之下的社会现实的普适性、规律性内容。在全球格局中，由于不同的民族国家有着不同的处境，必然会寻求一种反映本土价值关怀的知识体系，而中国学子寻求的则是具有中华民族文化底蕴，具备中国特色的知识体系。因此，在地国际化教育应追求"中西合璧"，将西方经验与本土情境有机结合，从而培养出具有中国情怀和世界眼光的国际性人才。

中国特色高等教育在地国际化实现"中西合璧"的首要任务是处理好全球性与民族性平衡问题，既要借鉴西方办学经验，学习科学主义精神和前沿研究成果，汲取世界文化精华，又要扎根本土情境和民族特性，传承和弘扬中华优秀传统文化。一方面，应该积极学习和借鉴西方教育体系的先进经验，汲取西方经验用以发展中国教育。当前世界高等教育体制仍以西方模式为主，中国近代高等教育体系建设和高校办学的历程也受到西方较大影响，从管理体制、办学体制、投资体制到学校组织、制度安排，再到具体教学层面都充分学习和借鉴了西方经验①，中国学习和吸收西方教育精髓具有可行性。另一方面，应更加坚定中华民族文化自信，铭记历史，居安思危。高校思想教育安全关乎学生价值观培育、高校阵地建设及国家政治稳定，是高校师生价值观及其价值取向的重要体现。中国特色高等教育在地国际化应该采取有效策略，从筑牢价值观教育主场域方面筑牢防护屏障。

要注重西方经验和西方做法的本土化运用，在秉承国际化教育理念，学习西方先进办学经验，引进全球高端教育资源的同时，有目标、有选择地将国际理念、跨境文化和全球观念整合到办学实践当中，结合中国高等教育环境和发展需要对吸纳的西方优秀办学成果进行本土化改造。一方面，由于在地国际化作为高等教育国际化的一种新兴办学理念和办学模式，其概念提出和初步实践也起源于西方国家，并迅速从欧洲走向拉美、非洲等地区，从一国迈向多国，登上高等教育国际化的历史舞台，因此中国特色高等教育在地国际化对西方做法进行本土化运用已经具备较好的基础，积累了一定经验，应"乘胜追击"，对现有体系进行创新，同时注意与国际接轨，引进最前沿、高质量、系统化的专业

---

① 邬大光. 走出我国大学转型发展的路径依赖［J］. 中国高教研究，2021（10）：14—20.

科研技术，提升办学模式的前瞻性和先进性。另一方面，中国特色高等教育在地国际化的建设应该坚持继承与创新同步发展，继承中华优秀传统文化和社会核心价值观，继承符合中国国情的优秀教学理论与思想，继承专业多年积累的教学成果和示范经验，结合海外教育教学模式，营造全新的课程体系，将在地国际化课程建设作为一项持续不断的系统性工程去建设和完善，在多文化背景元素的共同合作与探究下通力完成，将国际化与民族性并重，让中国特色高等教育在地国际化的课程体系真正适用于本土，适用于中国学子。

以未来的视角审视当下，应当紧跟全球化潮流，培养全球胜任力人才，立足中国实践，建立一个系统、开放、能够解决中国问题并提供中国方案的中国特色高等教育体系，增强高等教育在地国际化服务本国经济、科技和社会文明进步的能力。首先，立足中国实践解决中国问题是中国特色高等教育在地国际化的核心目标之一，在地国际化理念的重要价值在于"固本培元"，中国应该开展适应于自身特点，能够满足自身需求的在地国际化教育，使其培养的人才符合国家利益的现实需要，为中国经济社会发展服务。其次，紧跟全球化潮流，培养全球胜任力人才符合中国当下教育改革中所强调的"核心素养"教育理念，也符合目前中国特色高等教育在地国际化人才培育大方向。因此中国在地国际化教育实践应该积极探索具有全球胜任力的人才培养模式，明确拥护国家发展的目标导向，提升学生的学习、工作和为人处世能力，搭建国际合作、智库、学术组织等多平台合作，将全球胜任力的中国语境概念进一步厘清。最后，为了增强高等教育在地国际化服务中国国家建设的能力，在地国际化教育课程设置要紧紧围绕国家发展规划，按照"服务大局、回应社会"的原则建立协调发展、高质量发展的长效机制。

二、资源驱动与文化引领兼顾

中国特色高等教育在地国际化是高等教育国际化的新走向、新探索。中国特色高等教育在地国际化既不是对外文教材、师资力量、课程设计和研究方法等西方先进教育资源的直接"移植"和"嫁接",也不是过分强调中华文化的本位主义,而是中国本土适应性与西方资源优势的统筹兼顾,是中华优秀传统文化与西方文化精髓的深度融合。为此,中国特色高等教育在地国际化应该坚持"中西合璧"基本原则,既要重视发挥西方先进教育资源的驱动作用和赋能作用,也要重视中国特色文化底蕴的价值引领作用,将西方先进教育资源与中国特色文化底蕴相融合,形成合力,探索出一条资源互补、文化融合,具有中国特色的高等教育在地国际化办学道路。

第一,中国特色高等教育在地国际化要以西方先进教育资源为要素驱动。首先,在课程体系方面,国内高校的在地国际化办学要引进西方优质课程体系,学习现代教学经验和教学方法,提高在地国际化课程的教学质量。其次,在师资力量方面,西方国家拥有大批高水平的学术人才和国际化的师资队伍,国内高校的在地国际化办学要以物质待遇和政策优惠吸引外籍教师来华教学授课,鼓励外籍教师与国内教师团队之间的友好互动与有效合作,从整体上增强师资队伍的国际化水平。最后,在教材选用方面,自然科学和社会科学领域的前沿研究和经典读物多由西方学者发表,西方国家也因此拥有大批经典的教材和资料,国内高校的在地国际化办学要积极引进国外优秀教材和课件,强化外国教材与国内学科教材体系的有机联系,将国际前沿研究融入课程内容中,开发具有中国特色的国际课程。

第二,中国特色高等教育在地国际化要以中国特色文化底蕴为价值引领。首先,中国特色高等教育在地国际化的战略规划和办学实践要紧密扎根在本土文化与民族特征之上，注重适宜的、国际化的校园环境建设，根据自身的历史底蕴、战略定位、地理位置、物质资源和师生状况等特征，充分发挥自身优势，以理性包容和开放多元为着力点，打造面向全体学生的，以国际化课程为中心的校园氛围。其次，中国幅员辽阔、民族多样、高校众多，不同地区、不同民族、不同高校都有其独特性，中国特色高等教育在地国际化要根据各个地区的发展历史和经济实力、各个民族的风俗习惯和文化精髓、各所高校的发展定位和优势学科，因地制宜、因校制宜，制定适合本地区、本民族和本校情况的战略规划，形成一套具有本土特色，有利于国际化发展的办学体制和运行机制，充分彰显高校在地国际化办学的本土特色、民族特色和本校特色[1]。

第三，中国特色高等教育在地国际化要重视优势资源与传统文化的融合。首先，中国特色高等教育在地国际化应该科学地把握好开放的尺度，在引进西方各类优质教育资源，借鉴西方课程内容和教学标准的同时，注意规避西方资源要素中与中国社会核心价值观相冲突的部分，确保学生在接受跨文化课程学习和文化熏陶的同时能够树立起正确的社会核心价值观。其次，中国特色高等教育在地国际化要主动借鉴和积极引进西方国家高水平的师资队伍、国际化的课程教学、前沿的研究成果、科学的管理经验、先进的仪器设备等优质教育资源，定位本土高校国际化的内涵建设，瞄准现代教育发展趋势和世界学术前沿，全方位推进高等教育国际交流与合作，在取长补短中实现中华优秀传统文化延续、创新和发展。再次，由于中国特色高等教育在地国际化呈现规模扩大化、教育对象复杂化、层次类型多样化等特征，除了引入先进技术手段和教学设备，还应该重视环境塑造和柔性引导，营造"以人为本"的良好氛围，建立有利于调动和发挥人的积极性，展现和发展人的各种潜能及创

---

[1] 刘晓亮. 地方高校教育国际化问题研究［D］. 长春：东北师范大学，2015：108-110.

造性的有效机制，从而实现"硬件"和"软件"相辅相成、互为促进的教学效果。最后，中国特色高等教育在地国际化要立足本土的、民族的优秀文化，结合中国高等教育发展历程和建设经验，构建出具有中国特色的概念体系和知识体系，提出解决世界教育问题的中国议题和中国方案①。

---

① 刘宝存，范丽珺. 中国高等教育国际传播力提升策略研究［J］. 北京教育（高教），2021（10）：8-14.

第三节
前沿引领

在地国际化缘起于欧洲高等教育的发展情境，根植于欧洲高等教育的价值理念，随着全球进入知识经济时代，欧洲在深化政治和经济一体化进程的基础上，进一步推动高等教育一体化，通过打造世界一流高等教育区，构建强大的"软实力"体系，借助教育在建构国家核心竞争力中的基础性、先导性及决定性作用，重返世界话语体系的中心。因此，对于中国特色高等教育在地国际化而言，要主动对标欧美国家构建的一流高等教育体系，争取在高等教育场域获得核心话语身份，追求和获得世界的广泛认同，进而争取占据领跑位置。

一、锚定优质教育与前沿科研

在对国际优秀教育资源的识别上，国内学者普遍认为，优质教育资源主要表现为世界一流的教育水平、领先的学科优势、丰富的办学经验、鲜明的办学特色，即有先进的教育理念、合理的管理模式、前沿的课程、优质的教材、科学的教学和评价方法、优秀的师资队伍、领先的科研团队[1]。而前沿科研主要面向具有前瞻性、先导性和探索性的重大技术，是高新技术升级和新兴产业发展的重要基础，是国家创新能力的综合体现。前沿科研技术宏观上可以帮助国家及时调整科技战略，提高科

---

[1] 黄巾，蒋菠. 对外合作办学优质教育资源的内涵、特征与"保优"策略[J]. 教育与教学研究，2018（10）：26-31，124.

技创新效率；微观上有助于产业与企业明确技术发展方向，及早进行战略布局，在科技竞争中取得先机。因此，为了培养高层次创新人才，中国特色高等教育在地国际化应该锚定优质教育资源与科技前沿力量的识别和引入。

首先，中国特色高等教育在地国际化要积极引入优质资源和前沿科研，用以满足目前的教育需求，提升教育水平，促进中国教育的现代化发展。优质教育和科研前沿资源的效用十分重要，一方面能节约中国的教育成本，让学生在国内享受到先进教学资源；另一方面有利于推动中国高等教育教学的改革，推动教育管理和决策科学化。西南大学在这方面进行了积极的探索，该校在2019年7月举办了"首届国际课程周"。这个在地国际化课程项目邀请了来自牛津、剑桥、耶鲁、普渡等55所大学或科研机构的85名教授，开设全英文专业课程，让3000多名学生受益。随后西南大学顺势而为，在2020年进一步打造以"学生国（境）外交流学习项目""国际课程周""国际课程云课堂"为主要支撑的"学行天下国际学分"的国际化人才培养战略，通过多样化的国际化课程帮助学生开阔视野，提升能力。

与此同时，引入的教育资源不佳、科研技术资源不足以及科研创新性较差都会导致中国特色高等教育在地国际化的发展受到严重制约，应该加以警惕和防范。目前部分在地国际化项目的教学资源、教学制度、配套课程等质量有限，导致教学效果不理想。学生及家长投入了较多的时间和资金成本却未能达成预期目标，短期上看会令学生学习和研究热情减退，甚至出现抵触心理；长远来看，此种较低端的教学模式对于中国培养国家发展所需的创新型人才非但起不到促进作用，还可能成为高等教育高质量发展的阻碍。

由于中国特色高等教育在地国际化发展仍处在初级阶段，进行优质教育资源的利用和转化，大力挖掘前沿科研资源是提升办学质量的必由之路。如果把优质教育资源视为基因，那在地国际化可以看作"转基因技术"。在地国际化将国际优质教育资源的基因整合到中国高等教育的基因中进行重组，使中国高等教育质量从基因层面得到优化，使其功能得到改善和提升。中国应该通过锚定优质教育和前沿科研，逐步解决在地国际化进程中尚存的教育资源不足、品质不高的问题，不断提升高等教育国际竞争力。

二、对标国家战略与重大需求

教育是国之大计。高等教育承担着"高端人才供给"和"科学技术创新"的双重使命，其改革发展要服务于国家战略。改革开放40多年来，中国在高等教育领域的对外开放长期坚持吸收和借鉴国际先进教育经验的方针，并逐步向"兼容并蓄""融通中外"转型。深刻把握中华民族伟大复兴战略全局，对标构建人类命运共同体、"一带一路"倡议、供给侧结构性改革、构建国内国际双循环相互促进的新发展格局等国家战略和重大需求，是中国特色高等教育在地国际化的题中之意。为国家战略提供重要支撑，也是中国特色高等教育在地国际化的关键目标之一。

第一，中国特色高等教育在地国际化创新应当紧密对接并服务于人类命运共同体构建方向。当前高等教育在地国际化呈现的共同价值、共同利益、共同责任、共同协商等新特点，与人类命运共同体所强调的和平、发展、互利、合作、共赢等理念高度契合。人类命运共同体理念为推进高等教育国际化提供了价值遵循，高等教育在地国际化则是推进构建人类命运共同体进程的重要驱动力。我们应当坚定扎根中国大地办教育的自信，增强中国教育的国际担当，进一步提高中国教育在全球教育治理中的融入度，在构建人类命运共同体的伟大实践中贡献中国教育力量。

第二，中国特色高等教育在地国际化应该把握"一带一路"倡议带来的重大机遇，提升办学质量。"一带一路"倡议为促进国际合作搭建了重要平台，加速了国际交流与国际创新合作，为教育在地国际化发展带来积极影响。为了有效对接"一带一路"倡议，中国特色高等教育在地国际化一方面应当加强国际化发展顶层设计，统筹考虑项目各层次和各要素，包括合理设置国际化专业、仔细遴选外方合作院校、科学安排资金投入及政策的支持等；另一方面应着力提升国际化教师队伍水平，培养"宽领域、多层次、国际化、复合型"教师队伍，通过在地国际化丰富"一带一路"倡议的内涵。

第三，中国特色高等教育在地国际化应当成为深化供给侧结构性改革，加快和扩大新时代教育对外开放，主动融入新发展格局，加快打造国内国际教育双循环的战略链接点。一方面，要以更加开放的思维和举措推进教育国际合作交流的创新变革；另一方面，面向社会对国内高质量国际化教育的新需求加快融合发展，要不断提升在地国际化教育的质量和水平，构建国内与国际化教育相互促进的新发展格局。

第四节 走向世界

在世界范围内，高等教育在人才培养过程中都发挥着至关重要的作用。尤其当今世界面临百年未有之大变局，经济发展的全球性关联大大增强，人口、文化、观念、价值、知识以及技术的跨国界流动更加紧密，各国命运交织共生，世界大融合趋势日益显著。在全球化时代，世界各国形成了休戚相关的命运共同体，面临着全球性问题和全球性挑战，任何国家都不可能仅依靠自身力量实现高等教育高质量发展，只有互相学习、取长补短，才能适应世界发展潮流，跟上时代前进步伐。为此，中国应该不断拓展高等教育交流合作的广度和深度，加快高等教育国际化进程，推动高等教育走向世界，积极参与全球教育治理，为全球教育事业发展贡献更多力量。

一、特色经验与全球视野并重

具有中国特色的高等教育是立足中国国情、扎根中国文化、传承中国智慧的科学教育体系。自中华人民共和国成立以来，特别是改革开放以来，中国高等教育事业不断改革创新，积累了一系列宝贵的经验，高等教育质量不断提升。但总体而言，中国在教育方面仍处于学习阶段，教育需求不断扩大而教育供给相对不足的矛盾仍然存在，更具说服力和感召力的价值理念和办学模式尚未完全成形。因此，既要不断提升中国特色教育的实践价值，坚持打造高等教育在地国际化的"中国品牌"，为世界高等教育在地国际化模式提供新的独特经验，在多样性上作出有益贡献，又要注重对接世界命题，融入世界体系，寻找共识和对话点，锚定中国经验在世界整体实践中的相对位置，做到"对外输出"与"对内输入"双管齐下、相互促进，在提供中国经验的同时吸收、强化并发展中国经验。

第一，中国高等教育在地国际化仅仅实现本土化、特色化发展还远远不够，要打造具有中国特色的价值体系和话语体系，要讲好中国故事，传播好中国声音，塑造"中国品牌"，强化中国模式和中国话语的世界影响，达到丰富国际经验的目的。作为联合国教科文组织2030年教育指导委员会成员国和教育监测指标技术合作专家组成员国，中国明确提出要积极参与全球教育治理，"向国际社会贡献教育治理的中国方案"，为全球教育治理贡献中国模式和中国智慧。中国参与全球教育治理，要培养一批具有全球胜任力的国际化人才，而目前中国日益提高的国际地位与国际组织中中国籍国际职员数量不匹配的问题日渐凸显。因此，中国高等教育在地国际化要立足本土，培养更多国际化人才，为中国参与全球治理提供支撑。

第二，中国特色高等教育在地国际化"走出去"要注重求同存异，尊重各国文明的多样性，倡导包容互鉴、和谐共处，形成"一国一策"的个性化输出模式，让"走出去"的教育资源能够被他国接纳。首先，不同国家有不同的政治制度和管理体制，对于存在制度差异的国家，有必要预判和处理潜在约束。其次，不同国家的文化传统也各不相同，存在不同程度的文化差异，高等教育"走出去"要以尊重他国传统文化、宗教信仰、风俗礼节、道德观念为前提。再者，不同国家的教育制度、教育体系和教育发展水平不同，不同国家的大学自主权不同；除此之外，不同国家在基础教育阶段和高等教育阶段的学制不尽相同，教育普及程度也不同，部分国家已经实现了高等教育的普及化，而仍有少数国家甚至连初等教育都尚未普及，由此，中国高等教育"走出去"应该在辨明他国的教育制度、体系和发展水平基础上，把握好教育理念、办学模式等内容输出的界限，使"走出去"的教育资源能够得到他国认可。

第三，中国的高等教育在地国际化要积极融入世界体系，对接世界命题，通过寻找共识和对话点来锚定中国经验在世界整体实践中的相对位置，在提供中国经验的同时回归本身，发展中国经验。为达成这一目标，高等教育在地国际化办学应该重视软实力培养，在教学内容上，要拓宽学生的全球视野与国际知识，在引导学生熟悉中国的历史、文化和当代的中国政治、国情和国家利益的基础上，对学生开展国际理解教育，培养跨文化理解能力和交流合作能力，从而使学生更加全面地理解个体在国家发展大局中的角色、中国在世界发展体系中的定位，培养兼具家国情怀和全球视野的国际化人才。

二、质量提升与对外传播相济

面对日趋激烈的国际竞争和中国教育对外开放的现实要求，中国教育"走出去"的战略变得更加迫切，这不仅关乎中国在新一轮国际教育竞争中能否取得优势，还会在未来深刻影响中国与世界的关系。在国家层面，实现中国教育"走出去"战略要在"引进来"的基础上双管齐下，打造展示中国模式和中国话语的新窗口，系统地将经验传播和价值输出融入在地国际化的高等教育过程和内容中。

越是民族的，就越是世界的。中国应当在通过在地国际化提升自身高等教育质量的同时，向外科学传播中国办学经验，展示中国方案，提升中国软实力，强化中国模式的世界影响。一方面，通过高等教育"走出去"有助于更好地总结和反思本土教育，提升教育水平，促进本土教育学者、教育工作者和决策者更加理性地审视中国教育的独特经验。另一方面，随着"走出去"战略的进一步拓展，域外与本土学界对教育发展的中国主张与中国方案会有更深的理解，中国要把握机遇在国际分享中更好地检验和优化自己的经验与理论，深入促进中国教育改革。

观乎人文，以化成天下。通过构建可分享的教学模式与经验，中国能够为世界教育，尤其是发展中国家的教育提供独特的理念。作为世界第一人口大国和最大的发展中国家，中国要鼓励其他发展中国家借鉴中国模式和中国经验，寻找到适合自己国家和民族的教育模式。中国教育"走出去"具有重要的国际贡献价值，对于非西方教育体系的发展中国家而言尤其如此。如今全球教育治理仍面临严重危机，许多发展中国家的学生得到高等教育的机会很少，或效果不佳，即使他们从学校毕业，也不具备应对职业和社会要求的知识与技能。在解决教育危机问题上，中国的力量为世界所期待。中国凭借自己的力量实现了义务教育普及，顺利完成高等教育大众化，而且在扫除文盲、促进性别平等等多个方面表现突出，这种跨越式的教育进步本身就对世界具有启示。要实现中国高等教育的对外传播，一方面，要充分运用国家能力和国家资源，以独立身份或同其他国家或国际组织合作，参与到国际教育发展与全球教育治理活动中，为对象国家或区域提供有效的援助。目前，在部分发展中国家，中国已经投入大量教育资源，积累了一定经验。例如，中国向南苏丹提供了近300万本教科书，对其本土课程专家、教学人员以及学校的信息技术人才进行了大量专业培训。正是在中国的强力支持下，南苏丹政府才逐步构建起自己的教育体系，使其学校教育得以正常运行。另一方面，中国教育应当通过构建可分享的教育模式与经验，为世界教育发展提供独特的理念。如2016年启动的"鲁班工坊"计划向世界分享了职业技术教育和技能培训的中国模式,在发展中国家产生了极大反响,为技能人才培养模式的创新提供了新的思路。因此,在高等教育、教育规划、政策制定等方面,中国已有的丰富经验可以为世界提供重要借鉴,形成有力的国际影响。

第七章

中国特色高等教育在地国际化的行动架构

在推进教育强国建设的进程中，国家自上而下确定了"打造世界一流高校""建设一流学科"的战略部署。其中，《教育部　财政部　国家发展改革委关于深入推进世界一流大学和一流学科建设的若干意见》中明确提出，建立健全与高水平教育开放相适应的高校外事管理体系，探索与世界高水平大学双向交流的留学支持新机制，突出强调了中国高等教育发展的新兴方向。在宏观层面教育体制转型与改革背景下，国际化已经成为推动中国高等教育制度创新的关键突破口，高等教育在地国际化的战略地位也实现了质的跃升。从现实情况看，全国不同层次高等教育在地国际化院校已经成为中国与世界进行文化、科技、创新及人才等领域交流的重要载体。然而，各校在地国际化的发展水平参差不齐，系统性的高阶规划仍显不足。高等教育在地国际化办学有必要通过进一步的行动架构创新，建立更具适应性、开放性、灵活性的组织载体，助推中国特色高等教育国际化发展行稳致远。

在前述章节，本书探讨了高等教育在地国际化体系的内在逻辑与组织机理，即以本土化载体为核心，以国际化资源、自主化管理为两翼，在过程上遵循"吸收—嵌合—引领"的内外融通逻辑。本章将进一步从理论逻辑进入实际行动场域，探讨如何将中国特色高等教育在地国际化的构想转化为现实。整体而言，中国特色高等教育在地国际化建设需要在以我为主、中西合璧、前沿引领、走向世界的基本原则指引下，探索适应中国特色高等教育在地国际化发展的实践路径。

第一节
以自主办学、中西融通为"基"

高阶层次的高等教育在地国际化办学注重"立足本土看全球"和"立足全球看本土"的有机结合。作为一项长期事业，高等教育的发展往往伴随着国家教学体制创新、教育方法变革以及前沿教育理念的应用，带有一个国家独特的民族、历史和文化气质。高等教育国际化发展推动了全球优质教育资源的跨国流动，在赋能发展中国家高等教育发展的同时，也带去了不同程度的调适性难题。以谁为主、为谁服务，成为一个不可规避的基础性现实命题。对此，中国特色高等教育在地国际化主张"以我为主、为我所用"的办学导向，在国际优质教育资源的吸纳过程中，更加注重基于本土实际的创造性转化和融合，因地制宜地实现中西合璧的国际化办学目标。

一、筑实以我为主的办学基石

如前所述，高等教育在地国际化存在"复制""改良""再创"三种不同的实践模式，分别以对标性模仿、吸收性改造、超越性创新为特征。三种模式对应着不同的目标设定与过程机制，也往往导向不同的高等教育在地国际化办学层次。中国特色高等教育在地国际化是走向超越性创新的高阶在地国际化模式，不能满足于对世界先进高等教育体系的追随，而应以我为主地推进国际化教育要素整合与优化，在"和而不同"、文明互鉴的创造性转化过程中，建构中国特色、世界一流的办学体系。

首先，探索基于目标导向的资源整合路径。在中国特色高等教育在地国际化实践中，应当在国际化教育资源利用方式上，围绕国家重大战略需求和教育强国的办学方向，统筹规划"由外而内"的资源吸纳机制、"以内化外"的本土嵌合机制、"由内而外"的输出引领机制，开展"以我为主、为我所用"的国际化教学体系设计，这构成了中国特色高等教育在地国际化办学的本土适应性与国际先进性之本源。为此，在发展定位和育人目标上，中国特色高等教育在地国际化办学需要紧密围绕建设世界一流大学和一流学科、统筹推进"引进来"与"走出去"的教育对外开放等目标。通过从共建共治的高校内外部治理体系入手，持续推进国际化教学方式、教学项目等创造性融通，探索契合国家战略和社会发展需求的办学路径，在中国高等教育内涵式发展进程中发挥引领作用，为培养家国情怀与全球视野兼备的时代新人提供有力支撑。

其次，完善基于要素优化的持续进阶机制。高等教育在地国际化内含初阶、中阶、高阶三个不同层次，分别指向散点式的要素迁移、模块式的物理拼装、集成式的系统融合，三者的核心区别在于对国际化高等教育要素的吸纳维度与转化程度不同。作为高阶层次的中国特色高等教育在地国际化，应当基于中国本土高等教育办学要素优化与结构升级的需求，有选择性地进行国际化办学资源甄别和系统集成。在国外课程体系、教学模式、原版外语教材引进以及师资选聘等环节，建立明确的内容筛选与过程监督机制。各高校需要打破思维定式，走出路径依赖，更加积极主动地立足自身办学基础，结合长期发展定位，整体性谋划国际化办学的学科布局与治理格局，兼顾国际化教育资源利用的前沿性与匹配性。同时，各级政府与教育主管部门也应加大对高等教育在地国际化项目的指导力度，建立健全教育资源与质量评估全流程监督管理体系，为中国特色高等教育在地国际化发展提供制度保障。

二、推动因地制宜的中西融通

作为中国特色高等教育在地国际化办学的基本出发点和立足点，"以我为主"的一个基本方法论是因地制宜，既包括国家宏观层面的因"文化"制宜，也包括微观层面的因"校"制宜、因"学科"制宜。在高等教育在地国际化办学中，应以中国特色为引领，根植中华优秀传统文化，有选择性地借鉴与吸收西方教育长处，反思传统高等教育国际化模式的固有局限，以弥补自身短板，实现创新与超越。同时，应注重立足各高校自身战略定位、优势学科基础和特色专业领域，进行"量体裁衣"的高等教育在地国际化方案设计。宏观与微观层面的因地制宜统一于高阶在地国际化的系统融合逻辑，皆指向创建符合本土情境的高等教育在地国际化模式。

一方面，在全球协同的国际化教育资源吸纳中，要做好中西文化的兼收并蓄。树立正向、客观的国际化教育理念和价值导向，转变将高等教育在地国际化简单等同于接受外国教育的认知误区和片面思维。高等教育在地国际化，本质上是整合全球优质教育资源，通过跨文化交流，为国内高校的教学、科研与服务社会功能赋能。中西文化在高等教育在地国际化办学中的交汇，不可避免会引发认知与思维方式的碰撞。例如，中华文化重视知识的实践性和社会关联性，认为知识源自生活实践；而西方文化自古希腊起便注重对知识本体的追求，将知识视为独立于人类经验之外的客观真理。这些不同的知识观念和价值体系在国际化教学过程中，可能会给学生带来认知上的困惑。因此，国内高校应秉持开放包容的心态，在课程设计与教学管理中有机融合东西方文化中的优势，努力营造多元文化并存的校园氛围。在坚持以我为主的办学方向的基础上，为学生提供多元、优质的教学资源与服务，帮助学生在理解和掌握不同文化思想的过程中，培养解决复杂社会问题的创新思维和能力。

另一方面，注重以"中国问题"为导向的经验扬弃，把握中国特色高等教育在地国际化办学的教学重点。在传统的中外合作办学模式中，由于缺少对外部教育资源的选择性吸纳与创造性转化，存在部分项目偏离中国社会实际发展需求的情形。为避免在中国特色高等教育在地国际化创新中出现"新瓶装旧酒"等类似问题，应明确以我为主进行国际化教育资源的筛选与甄别，坚持以"中国问题"为导向展开教学体系设计，确保课程内容与中国的国情需要、民族特色相结合。同时，在引入西方前沿学科成果的同时，应注重结合本土、本校的"锻长板"与"补短板"需求，从有基础的优势学科或紧要性的弱势学科出发，合理设定在地国际化办学布局，以增强教学研究的本土适应性和实践价值，打造符合国家需要、自身条件的国际化人才培养体系。

第二节
以家国情怀、臻至一流为"径"

中国特色的高等教育在地国际化发展应当是秉承国际化教育理念，强调本土化内涵建设，融合东西方文化精粹的有机产物，既是中国高等教育自我革新的突破之举，也是中国高等教育走向世界的桥梁，核心目标是培养既厚植家国情怀，又具备开放视野、国际思维与多元文化理解力，并能够解决社会实际问题的国际化人才。为实现这一目标，需要在办学过程中厘清人才培养定位与管理流程，为借鉴和引进国际各类教育资源或办学要素提供客观选择依据。从现状看，高等教育在地国际化人才培养与教学体系参差不齐，需要在吸收西方办学标准与管理模式的基础上，进一步结合中国教育情境的灵活性和现实指向性加以完善。这构成了中国高等教育在地国际化办学自主性的现实挑战，也客观上要求加快构建中国特色的国际化育人理念与教学体系，在以我为主的基础上持续培养出从优秀到卓越、从卓越到出类拔萃的世界一流人才。

一、践行立德树人的国际化人才培养理念

大学是为未来而存在的，最重要的是看能否培养出下一代最优秀的人，培养出能够"引领未来的人"，传承文明，贡献于国家发展和人类进步。习近平主席指出，"高校立身之本在于立德树人，只有培养出一流人才的高校，才能够成为世界一流大学"。国家层面对高等教育立德树人与一流人才培养的定位，为中国特色高等教育在地国际化办学明晰育

人目标指引了方向。

在中国特色高等教育在地国际化办学中,"立德"是国际化人才培养的基石。青少年处于人生成长的"拔节孕穗期",正值价值观形成和确立的关键时期,需要精心栽培和引导。在地国际化高校是多元社会文化和多重意识思潮汇集的场域,在办学过程中有效引领青年群体价值观尤为重要。高等教育在地国际化院校应当在为学生提供世界一流专业教育的同时,充分发挥本土校园价值观、人生观、世界观教育的"主场"优势,通过人文教育与博雅教育、通识教育与专才教育的结合,将国家和社会层面的正向价值目标与取向,以及公民个人层面的积极价值准则融通于学生生活和学习的方方面面,引导学生知行兼修、科学思维与人文素养的提升并重,做到明大德、守公德、严私德。

所谓"树人",主要指向培育有理想、有本领、有担当的国际化人才。中国特色高等教育在地国际化是从外部吸纳、本土嵌合,走向全球引领的高阶在地国际化模式。这对中国高等教育在地国际化院校的人才定位提出了客观要求:既要具有家国情怀,扎根人民、奉献国家;又要具有国际视野,能够融通中外、兼济天下,在世界变革中把握人类社会发展趋势,为构建人类命运共同体贡献智慧和力量。这是高等教育在地国际化办学的优势使然,实现从"立足本土看全球"向"立足全球看本土"发展的必然要求。在中国特色高等教育在地国际化办学中,要重视学生立足国际视野解决中国问题的思维能力、以本土观念理解国际议题的认知能力,培养具备扎实的学科素养、深切的批判精神,以及集领导力、思想力和创造力于一体的知识面宽、适应性强的跨学科人才,有力响应中国社会发展对一流国际化人才的长期需求。

同时,在高等教育国际化的初期阶段,中国多是充当着先进高等教育知识消费者的角色,承受着学生价值观被多元文化冲击的代价,也出

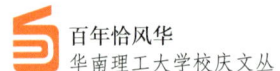

现了部分学生在成才之后偏离初心,将个人发展从国家和社会的发展中剥离出来的现象。对此,在中国特色的高等教育在地国际化办学过程中,应当在专业设置、课程开设、教材选用、师资聘用、学生管理、行政管理等方面,系统嵌入制度自信、文化自信教育。要重视对学生责任意识和担当精神的培养,依托优秀的中华传统文化和社会先进文化,引导学生正确认识个人发展和国家发展的关系,理解时代责任和历史使命的内涵,自觉将个人的成长成才融入国家发展的前途和命运中。

二、打造闭环管理的国际化人才培养体系

高等教育在地国际化的人才培养目标需要落实于系统、科学的管理过程,离不开全流程、全环节、全要素的管理机制和相应的制度保障。在构建这一有机的管理体系时,有必要从系统集成的高阶在地国际化层次入手,突破"蚂蚁搬家"的国外教育理念、经验、技术、人才等散点式要素迁移,超越"蜘蛛结网"的专业、学位、学分体系等局部模块化的物理拼装,打造"蜜蜂采蜜"式的生源管理、人才管理、教学管理等全流程要素融合的闭环管理体系。

在学生管理中,要从生源入手,构建从入口到出口的开放式、全链条国际化人才培养闭环。在招生阶段,要拓宽宣传渠道,凝聚优质生源,充分利用国家和省市的招生政策支持,通过"政校合作""校校合作""校企合作"等形式广泛进行招生宣传与生源遴选。在入学阶段,完善学生奖学金激励机制和权益保障机制。根据本地国际教育发展与生源质量保障需求,出台相应的管理规则与办法,构建国际化的奖助学金体系,激发更多优秀学生来校学习交流;同时,考虑国内外学生的生活与学习习惯,设计兼具多元地域特色的校园文化环境。在学位授予阶段,明确学位授予标准与流程,针对不同的学生培养计划,做好学位授

予中的国内外对接机制和协调工作，打造富有国际权威与地方特色的学位品牌，做好贯通入口到出口的人才培养闭环。

在师资队伍管理中，要重点构建从进人、用人到评价人紧密衔接的高水平人才发展体系。要秉承"以我为主，为我所用"的原则，自上而下构建高素质教师队伍管理机制。一是在顶层设计上，按照国际一流高校师资规模和建设方式，高标准设定师资引进和准入条件，打造国际化师资队伍，建立国际化师资的培养与储备体系，以及完善与国际接轨的师资队伍分类管理制度体系、薪酬分配模式、资源配置机制等，推进选人、用人、评价人和责、权、利体系协调发展的师资队伍管理机制。

在课程体系管理中，要注重构建动态而灵活的课程培育、选用与退出机制。课程设置是构建高等教育国际化体系的主体内容，也是实现中国特色高等教育在地国际化模式的关键环节。在课程培育与设置上，需要将本土元素、国际化视野、国内外前沿性成果融入课程内容设计之中，使课程设置既适应中国社会发展需求，又贴近国际先进水准；既体现中国本土特色，又兼具国际多元文化内涵[1]。在课程管理上，建设明确的国际化课程质量标准，加强课堂质量监管。

此外，在学科发展和技术引进等方面，也要重视构建中国特色、与国际接轨的管理体系。总体而言，中国特色高等教育在地国际化人才培养要在充分借鉴国际先进经验基础上，打破传统高等教育国际化管理和运行桎梏，立足立德树人的国际化人才培养目标，建立起一整套规范有序、系统协调的国际化办学机制，在不断提升国际化人才培养质量的过程中行稳致远。

---

[1] 张彦华. 我国高等教育在地国际化课程教学策略研究[J]. 西南交通大学学报（社会科学版），2018（4）：98-107.

第三节
以社会服务、效益产出为"尺"

要客观认识高等教育在地国际化建设的成效，仅凭宏观层面的感性经验是不够的，而是需要基于恰适的价值标准和客观依据，进行可观、可测、可感的理性评估。中国特色高等教育在地国际化是因时而进、因势而新的办学模式，需要动态回应国家发展战略与社会需求，兼顾本土情境与接轨国际标准，通过办学成效评价及激励机制的系统创新，塑造以社会服务、效益产出为导向的中国特色高等教育在地国际化良性发展生态。

一、以服务国家战略和社会需求为归宿

高等教育在地国际化是融通全球优质教育资源，全方位提升国际化办学层次和人才培养质量的高等教育模式创新。这一创新过程根据不同国家的政治、经济、文化等条件，具有不同的价值导向。从作为高等教育国际化的后发赶超型国家定位出发，结合教育强国建设方向，中国特色高等教育在地国际化办学应以国家发展的战略需求为导向，以提升服务社会的能力为标尺，进行育人路径的创新性探索。

首先，中国特色高等教育在地国际化建设需要成为国家宏观经济发展战略的有力支撑。要将高等教育在地国际化建设融入国家重大发展战略，围绕服务国家战略和经济社会发展深化教育综合改革目标，为科教

兴国战略、人才强国战略、创新驱动发展战略实施[①]等重大规划的实现，提供国际化人才支撑。以华南理工大学广州国际校区为例，该院校便是充分发挥以工见长的学科优势和毗邻粤港澳大湾区的地域优势，瞄准世界科技前沿，聚焦国家及区域战略性新兴产业发展需求而诞生的"在地国际化先行示范区"。

其次，中国特色高等教育在地国际化建设需要纵深推进人才强国战略，作为服务国家人才储备的革新举措。高等教育在地国际化院校有必要与国家区域发展特色相契合，服务于区域发展战略，融入区域改革实践中。作为智力资源集中、创新要素多元、信息知识丰富的"智慧高地"，高等教育在地国际化院校的人才培养需要围绕当地发展的产业布局、行业特色和支柱企业，培育适于地方经济发展的高素质国际化人才，为地方经济的发展提供国际智力，注入创新源泉。除了成为推动地区发展的人才供给地之外，高等教育在地国际化院校同样也是国际人才的吸纳地。高等教育在地国际化院校可以担当地方政府对外引资、引智、引技的前沿阵地和促进地方文化国际传播的重要窗口，在积极引进海外人才归国创业、工作和交流的过程中，更好地服务国家发展规划，为实现国家战略目标储备强有力的国际化"人才后备军"。

最后，中国特色高等教育在地国际化建设是融入新发展格局，服务国内国际教育"双循环"的战略之举。随着中国社会发展步入新时代，国内民众对高质量教育的需求越来越高，仅仅是转变教学语言、引入外文教材、外籍教师授课的低阶或中阶在地国际化教育方式已不能满足社会需求。高等教育在地国际化需要实现系统跃迁，立足基本国情和社会需求，促进在地国际化教育市场需求的平衡。此外，随着中国的国际地

---

① 怀进鹏. 深化教育综合改革［N］. 人民日报，2024-08-21（009）.

位不断提高,越来越多的国际学生选择来华留学[①]。打通国际国内高等教育"双循环"通道,构建国内国际交流与合作的"双循环"高等教育新发展格局,俨然成为中国特色高等教育在地国际化发展的新趋势。

二、探索兼顾本土与国际情境的评价机制

评价机制是高等教育建设的指挥棒,直接关系着高等教育在地国际化建设的实践成效及其可持续性。1998年,世界高等教育大会发布的《21世纪的高等教育:展望与行动》提到,高等教育质量是一个多层面的概念,要考虑多样性和避免用一个统一的尺度来衡量高等教育的质量。当前,中国尚未形成系统、科学的高等教育在地国际化办学评价体系。相关实践要么缺乏中西方标准与文化的融会贯通,要么流于形式,缺乏对学生多元素质的综合评估。对此,中国特色高等教育在地国际化创新需要在符合国情且与国际接轨基础上,加快推进办学质量与成效评价机制建设,立体研判办学成效。

在中国特色高等教育在地国际化办学成效的评价内容上,可以建立多元化教学评价体系,优化学生学习过程评估与反馈机制。不仅全面考核学生对专业知识的掌握和运用程度,将国际化素质学分纳入人才培养方案,如强化外语基本功,提升跨文化沟通能力,参与国际交流,而且多环节、多维度考查学生的思想政治素质、历史文化素养、社会服务能力等水平。在评价标准上,建立以中国本土优秀教育理论为导向的发展性课堂教学评价指标体系。对此,"有教无类""因材施教""启发教育"等教育理念作为中华文明的智慧结晶,也是评估中国特色高等教育在地国际化教学的重要导向和精神指南。同时,教学是一个开放而动态发展的复杂系统,教学评

[①] 前瞻产业研究院. 2021年国际留学生来华留学市场现状及发展趋势分析 五大方面促进来华留学高等教育发展 [R/OL]. (2021-07-17) [2022-07-13]. https://www.qianzhan.com/analyst/detail/220/210716-7d04d49c.html.

价体系本身是流动的，其评价内容、评价主体、评价方法与手段也不应一成不变。在设定高等教育在地国际化教学成效的评价标准时，要综合考量课堂成绩、课堂时长、互动体验和学习质量等静态与动态指标、过程性与结果性指标；不仅要考虑学生整体的一致性，还要考虑到学生个体的差异性。在评价方法上，可以建立国内外、校内外交叉融合的评议机制，综合采用多种测评方法和指标体系，建立不同面向、不同维度的中国特色高等教育在地国际化交叉融合评议机制。

同时，在教学评价体系构建完成并应用实施后，高效合理地使用绩效测评结果同样关键。在高等教育在地国际化建设过程中，要直面测评结果反映的主要问题，匹配国际化与本土化标准兼顾的激励机制，实现评价结果和教学情境、师资特质等多向反馈和动态互动。根据评价结果，分对象、分主体、分环节、分模块融入具有中国文化特色的激励规则，形成有效、可持续的激励体系。需要注意的是，高等教育在地国际化的激励体系需要具备国际与本土情境的双重驱动性，充分发挥办学评价指标体系的助推效用，切实推动高质量和内涵式发展目标的实现。

此外，从横向比较维度来看，自2004年以来，各类世界大学排名榜开始涌现，其中，世界较为公认的QS世界大学排名和泰晤士高等教育世界大学排名分别设置了独立的评价指标体系，其测评结果成为衡量众多高校综合实力的重要参考依据。两个榜单的原始评判数据主要源自社会公众调查数据、第三方数据和参评大学报送的数据，测评内容被细分为多项具体、可测、可感的指标，具备较高的信度和效度。然而，高等教育在地国际化院校多是新生教育单元，若是简单地以QS世界大学排名或者泰晤士高等教育世界大学排名的指标体系作为衡量办学水平的依据，显然并不符合其实际发展情况，测评结果的可比性和有效性有待考量。尤其是对于融入更多本土要素的中国特色高等教育在地国际化而言，该情形更加复杂。

对此，在中国特色高等教育在地国际化发展过程中，有必要建立更具操作性的办学评价体系，在借鉴世界权威排名工具的基础上，围绕在地国际化教育的人才培养特质，融合国际化和本土化服务目标，调整相应的指标权重，构建科学全面、更具操作性的交叉融合评比机制。例如，当前在地国际化院校开设的专业较少，且主要以西方高校实力强劲的学科为主，综合评价指标体系中学科测评设置可以借鉴ESI学科排名或QS学科排名等评估方法，同时调整整体测评体系中其他方面指标的权重比例，对在地国际化高校的专业水平进行针对性测评。

同时，相对于教学环境、师生比例、引文影响力、研究能力等"刚性"指标，高等教育在地国际化办学的"柔性"标准更加难以感知和评价。教育对人的影响是潜移默化且长期性的，高等教育在地国际化办学的目的在于通过本土教育和国际教育的互融，更高水平地发展学生的思维能力、知识水平和技能，培养更加开阔的视野，帮助学生从全球视角看待身边的国家和社会发展问题，成为满足国际和国内发展所需的一流人才。这些目标的实现和效果的展现往往是无形而缓慢的，难以直接呈现和被客观感知。目前，NSSE（National Survey of Student Engagement，全国学生学习投入调查）是美国高等教育界高度认可的学生学习质量和学习经验的调查工具，调查问题包括学生的学习行为、学校投入有效教学实践的努力以及学生对学校促进学习和自身发展程度的看法等三方面，涉及学习挑战水平、积极与合作学习数量、师生互动质量、丰富教学经验的提供、校园环境的支持度等五项指标，其测评结果能较为有效地为学校改进教学质量提供参考依据。在构建综合性的中国特色高等教育在地国际化教学效益指标体系时，借鉴和引入类似NSSE的科学测量工具是有益的，结合中国学生特质和东方教学理念进行合理化调整也是必要的。通过客观借鉴较为成熟的先进国际指标体系，建立共性（国际）与特性（中国）兼顾的教学效益指标体系，并对测评结果进行动态追踪和反馈，能够更好地实现高等教育在地国际化办学的效益管理。

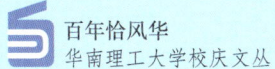

百年恰风华
华南理工大学校庆文丛

下篇

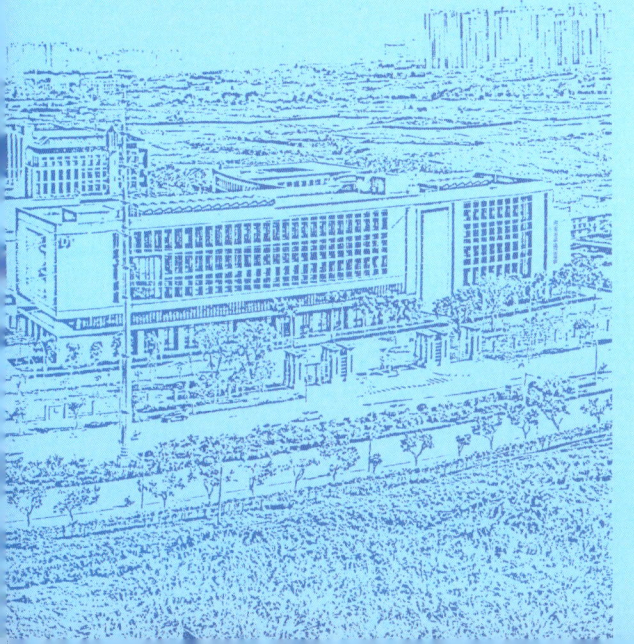

第八章
从改革理念到创新实践：华工模式的应运而生

第九章
从创新实践到典型样本：华工模式的进阶之道

第十章
从典型样本到全面推广：华工模式的未来趋向

第八章

从改革理念到创新实践：
华工模式的应运而生

非常之理念需依托非常之载体。作为高等教育在地国际化从设想到实践的创新性探索，华南理工大学广州国际校区选址于广州市番禺区广州国际创新城南岸核心区，地处"一带一路"超级门户城市、粤港澳大湾区重要交通枢纽、广深港科技创新走廊，占地面积约1700亩，总建筑面积为109万平方米。作为中国特色高等教育在地国际化创新的典型实践，华南理工大学广州国际校区由教育部、广东省、广州市与华南理工大学四方共建，是按照"中方为主、全球协同"的核心理念，打造的新工科特色、世界一流的在地国际化校区。

该校区的发展定位是建设国际新工科顶尖人才的汇聚地、世界前沿科技的策源地、全球拔尖创新创业人才培养的示范地。从最初的一张蓝图，到今天的拔地而起，华南理工大学广州国际校区在制度设计上强调抓牢办学自主权、内容主导权、运行评价权和成果归属权，探索出了具有典型示范意义的高等教育在地国际化的华工模式（图8-1）。

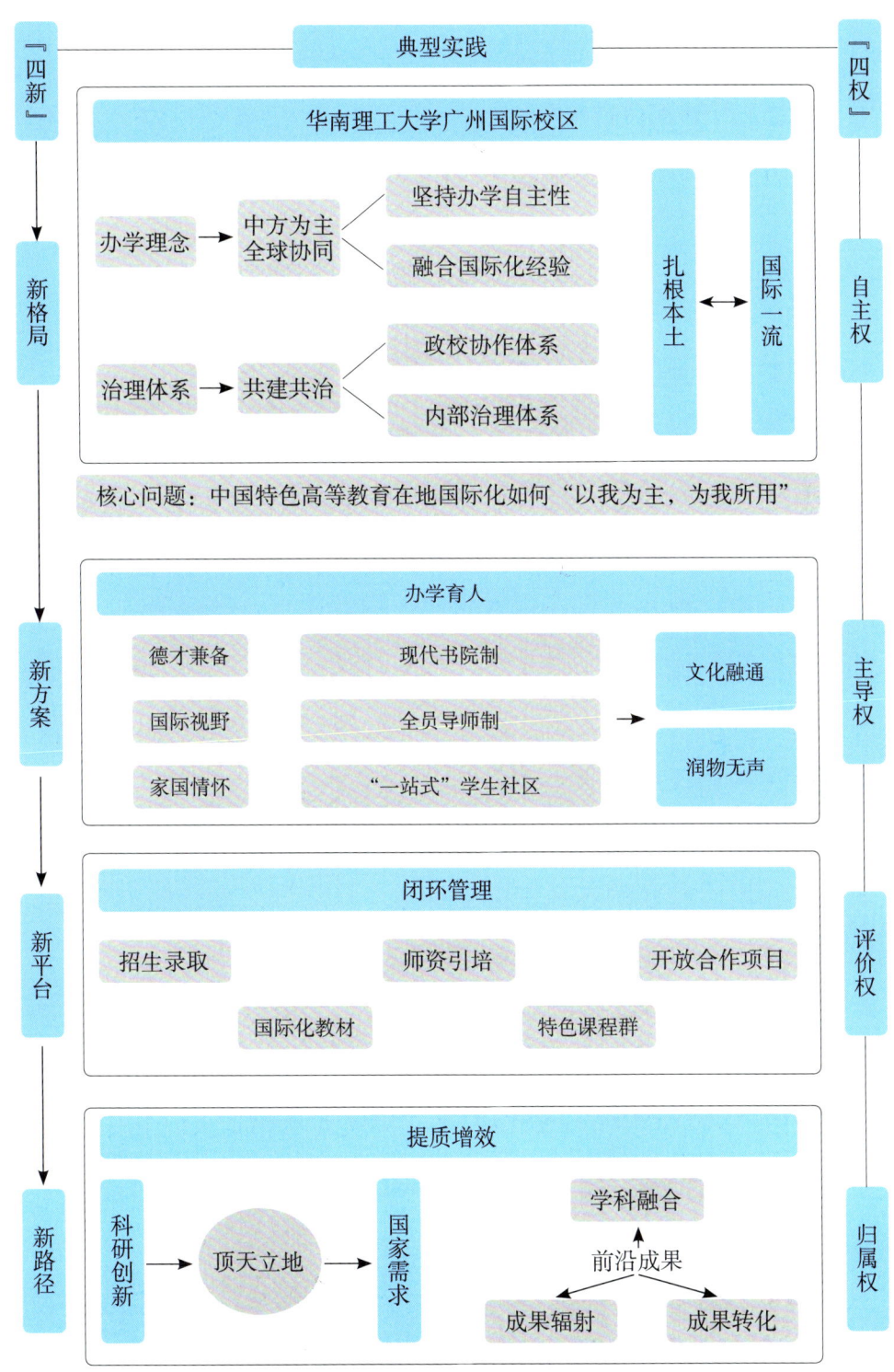

图8-1 华南理工大学广州国际校区实践框架图

第一节
打造自主办学新格局

对高等教育在地国际化自主办学的解读需要立足本土情境，从内在治理能力、责任视域、外在赋权和监督视域相结合的多重维度，理解大学自主办学的本质、路径及其与世界的关系。2016年出台的《关于做好新时期教育对外开放工作的若干意见》提出，要坚持"围绕中心、服务大局，以我为主、兼容并蓄，提升水平、内涵发展，平等合作、保障安全"的原则，更好满足人民群众多样化、高质量教育需求。这为包括高等教育在地国际化探索在内的中国新时代高等教育发展指明了方向。其中，以我为主原则反映出教育对外开放中涉及的大学办学自主权问题，也是高等教育在地国际化理论探讨和改革实践的核心话题。对此，华南理工大学广州国际校区的在地国际化探索，自谋划之初便将办学自主权作为重要抓手，将自主办学、扎根本土作为重要立足点，构建起了中国特色在地国际化办学新格局。

一、树立"中方为主、全球协同"的办学理念

理论是实践的先导，高等教育在地国际化的办学理念尤为重要。唯有从办学理念上进行革新，打破思维局限和模式限定，瞄准办学定位，坚定办学方向，才能走出具有中国特色的高等教育在地国际化道路。华南理工大学广州国际校区在地国际化办学秉持"中方为主、全球协同""中西合璧、臻至一流"的总体性指导理念，在育人理念、管理理

念和发展理念上，均注重坚持以我为主、为我所用。

首先，华南理工大学广州国际校区自创办伊始，便明确了相对独立的办学自主权。校区由教育部、广东省、广州市和华南理工大学四方共建，除了与华南理工大学同属一个法人外，具有相对独立的办学自主权。学校通过大学章程对校区充分赋权，包括且不限于政策独立制定、人员独立配备、财务独立核算、资产独立管理、内设机构独立设置、学科专业独立布局、教学科研独立开展、招生制度独立制定等，保证校区独立运行、自主办学。在发展理念上，校区面向国家和区域发展战略需求办学，学科布局、人才培养始终与区域支柱产业、创新产业紧密结合，坚持国际化、高水平、研究型和理工科特色的办学理念，引入全球优势资源，卓有成效地建成国际一流的新工科校区。

其次，实施在地国际化办学理念，并不意味着弱化对外交流，而是主张开展更广泛的国际协同与创新，学习借鉴世界上的先进教育模式，积极吸收先进教育的实践经验，瞄准现代教育发展趋势，积极参与国际教育交流与合作，引入全球高端人才和优质教育资源，全方位提升学校国际化办学层次和人才培养质量。华南理工大学广州国际校区通过再定义"在地国际化"的办学理念，始终把办学自主权作为首要前提和根本基础，通过牢牢掌控教育话语权和主导权，服务国家宏观战略发展布局，为国家经济社会发展提供坚实的人才支撑和智力支持。在此基础上，立足中国实际，华南理工大学广州国际校区融合世界先进教育理念，引入全球优质教育资源，通过本硕博教学体系的全链条、全要素国际化，为本土学生提供沉浸式国际化成长环境，让学生不出国门即可享受国际优质教育。

二、打造"共建共治"的治理体系

中国特色高等教育在地国际化的自主办学除了要有旗帜鲜明的办学定位和办学理念,更要形成多元协作、各司其职的高效运行体系。这一体系中的各主体、各要素相互之间协调、配合,才能最终实现办学自主权的有序运行和有效落实。其中,外部推动力量同样不可或缺,尤其是有必要协调政府管理与大学内部治理的关系,为高校自主探索在地国际化的人才培养、科学研究以及社会服务等方面创造更为有利的发展空间。从华南理工大学广州国际校区的实践来看,体现在两大方面:

一是华南理工大学广州国际校区与政府之间的协作关系。教育部与广东省政府、广州市政府、华南理工大学的四方共建是一次有益尝试,有力推动了华南理工大学广州国际校区的建设步伐。华南理工大学广州国际校区积极争取广东省的全力支持,全面落实各项保障措施。根据协议,教育部、广东省政府、广州市政府、华南理工大学加大统筹协调力度,建立了共建广州国际校区工作协调机制。从2017年到2022年校区全面建成,教育部、广东省、广州市的有关领导多次赴华南理工大学广州国际校区进行专题调研和指导,持续推动广州国际校区的建设和发展。

二是在内部治理体系上,华南理工大学广州国际校区严格按照国际化现代大学制度进行管理,在校区办学方向、人才培养和科学研究的方向与领域、开展国际合作项目及其他重大事项上,向部省市校四方汇报。不同于中外合作办学的传统模式,华南理工大学广州国际校区的组织机构由领导机构、服务支撑系统、学术系统以及书院系统组成,探索打造了共建共治共享、良性友好互动的多元治理格局。其中,领导机构下设校区管委会,作为决策机构和管理部门。服务支撑系统包括综合事务办公室、人力资源与发展事务办公室、教学事务办公室、全球事务办公室及学生事务办公室,各部门负责人均由华南理工大学委派。学术系统包括生物医学科学与工程学院、吴贤铭智能工程学院、前沿软物质学院、微电子学院、集成电路学院、未来技术学院、海洋科学与工程学院等7个学院，以及华南软物质科学与技术高等研究院、华南岩土研究院、自旋科技研究院、未来健康研究院和前沿弹性体研究院等若干前沿交叉研究院。书院系统则充分体现在地国际化和中华优秀传统文化特色与精髓的融合，譬如峻德书院和铭诚书院，采用"现代书院制+全员导师制"增强学生的文化自信教育，让各国学生在现代书院中感受优秀传统文化焕发的活力和魅力。同时，实行扁平化、矩阵式、国际化"人才特区"管理的模式。例如，通过采取聘任制及与国际接轨的用人机制，在相关学院、专业和中心引进海外高层次人才。通过成立国际学术委员会、教学指导委员会和咨询顾问委员会等若干专业委员会，负责人才引进、学科专业设置、人才培养方案与科学研究等事项。

通过内外部多主体、多部门的合力联动，华南理工大学广州国际校区初步构建了完善的治理格局，这是中国特色高等教育在地国际化办学的前提保障。高效的组织架构和完备的制度保障为有效吸收全球优质教育资源，并立足于本土特色加以持续创新提供了有力载体。

第二节
创设办学育人新方案

高校肩负着全面落实立德树人的根本任务，承担着为坚定推进改革开放和应对百年未有之大变局提供人才保障的重要使命。随着高等教育在地国际化战略趋势的兴起，高校思想政治工作面临的"破与立"的现实难题更加凸显，传统思想政治工作的内容和形式滞后于国际化开放的新需求，工作体系和工作能力与国家战略要求存在现实落差。加之高等教育在地国际化学校的教师和学生可能来自不同的国家和地区，在国情、文化、生活、观念等方面差异较大，在增进彼此了解、互相理解、多元融合，形成国际化校园文化、创新文化、生态文化的同时，也容易形成多元文化的冲突、价值的区隔、信仰的隔阂。

华南理工大学广州国际校区作为中国高等教育在地国际化的全新实践，一个有益的探索是站在新的历史起点，把握世界政治经济格局的深刻变化，强化问题意识，注重思想引领和价值引领，基于"学生永远在C位"的理念，实施"现代书院制"和"全员导师制"，开展"一站式学生社区建设"试点，构建"润物无声"的思政体系。由此，形成了具有中国特色的办学育人新方案，有力实现了培养德才兼备、国际视野与家国情怀并重的时代新人的目标。

一、现代书院制

胡适曾经提出，书院是中国一千年来逐渐演化出来的一种高等教育制度，书院和学堂的最大区别，在于前者"注重自修"，后者"注重讲授"；前者"提倡自动的研究"，后者奉行"被动的注射"。华南理工大学广州国际校区在中式书院文化精髓的基础上，重塑并丰富现代大学之精神，扎根中国大地办世界一流大学，探索出了"现代书院制"的教育模式，为做好师生价值引领找到了一条崭新路径。"现代书院制"即住宿式书院制（Residential College System）学生教育管理模式，强调师生共处、知行兼修，依据"人文教育"和"博雅教育"结合、"通识教育"和"专才教育"结合、"均衡教育"和"全人教育"结合的工作理念，全体入住书院。学院负责专业学习第一课堂，书院完成通识课程、博雅课程、课外活动等"第二课堂"学习和发展，构建生活学习、服务体系、学业辅导体系、综合能力提升计划、自我管理服务平台等育人功能体系，打造了书院"全员、全程、实体"的"学院与书院同步"模式，开展了一系列富有特色的校园品牌活动。

例如，为促发多元思想碰撞，提升学生人文和科学素养，华南理工大学广州国际校区开展了 SYS·博雅学堂、SYS·博约讲堂（See You on Saturday & Sunday）校园精品文化活动。博雅学堂聚焦人文科学与社会科学，邀请国内外学术大师、知名大咖来校为学生开讲，围绕学术前沿、社会热点、文化现象等主题与学生展开交流，引领学生开阔视野、勤于思考、勇于求真；博约讲堂聚焦自然科学，围绕提升学生学术水平，锻炼学生科研思维，帮助学生增进专业领域学习与探究的能力，教会学生"博观而约取，厚积而薄发"，以审慎的态度攫取广博学识，以辩证的思维融汇人生理想。此外，GIC·知行课堂（Grow in China），柠檬音乐节（The Lemon Music Festival），以及全球胜任力系列讲座（Global Competence）等形式多样的师生交流、实践育人、校园文化等活动，也构成了华南理工大学广州国际校区的现代书院制特色。

● GIC·知行课堂（Grow in China）

引导学生走进红色基地，走进蓝色科创名企，走进彩色文化家园，走进橙色基层一线，走进绿色乡村小镇，看伟大成就，讲中国故事，展青春风采，悟成才之道，做时代英才。

● 柠檬音乐节（The Lemon Music Festival）

华南理工大学广州国际校区倾情推出的年度校园文化品牌活动，包括柠檬音乐节、栽种新树、品尝柠檬菜肴及饮品等"柠檬"主题系列活动。柠檬音乐节落实"学生永远在C位"的理念，全部节目均由学生创作、学生演出，一线师生为主角、全体校领导出席。该活动融入现代、青春、温情元素，为校区师生带来全方位、多元化、沉浸式的活动体验，彰显典礼育人的生动魅力，打造了校园文化新"IP"，已成为校区"全人教育"实践的重要载体。

● 全球胜任力系列讲座（Global Competence）

全球胜任力是学生实现自我发展，成为多元全球社会公民的必备素质。华南理工大学广州国际校区主办全球胜任力发展支持系列讲座，帮助学生了解复杂的全球环境，熟悉全球议题，扩大全球视野；尊重文化差异，以积极开放的心态融入社会；从多元文化视角分析全球问题，提升在多元文化环境中有效学习、工作和与人相处的能力，为未来走向世界奠定坚实基础。

二、全员导师制

立德树人是高校思想政治工作的本质要求和价值诉求。同时，中国特色高等教育在地国际化建设围绕国家中心战略和教育强国办学方向开展立德树人，是有别于传统国际化办学模式的显著特质。作为中国特色在地国际化高等教育的先行地、试验田、示范区，华南理工大学广州国际校区将思政育人工作放在中华民族伟大复兴战略全局、世界百年未有之大变局的时代背景中系统谋划，秉承培养家国情怀与全球视野兼备的时代新人的价值导向，解决思政育人工作堵点难点问题。为突破教学队伍和教育时空的两大约束性边界，华南理工大学广州国际校区遵循"一切工作重心向立德树人聚焦、一切师资力量向人才培养聚集、一切优质资源向学生成才聚合"的工作思路，结合在地国际化优势和全员全过程全方位育人体系，打造了独具特色的"中西合璧+三全育人"协同机制。

首先，树立"本土+国际"互融理念，贯彻博学固本的思政育人宗旨。鉴于在地国际化教育面临的中西文化碰撞挑战和国际化人才培养目标，华南理工大学广州国际校区注重在多元文化对话中，坚定学生的文化自信，培养学生的人文情怀。华南理工大学广州国际校区坚持"文化互融共生、中外互动共创"的在地国际化办学理念，坚持开门办思政课，根据跨文化交际课程设置，采取"传播中华优秀文化""讲好中国发展故事"的"文化走出去"路径，"吸收西方优秀文化""吸取西方先进文明"的"文化引进来"路径，建设"大课堂"、搭建"大平台"、建好"大师资"，讲好中国故事、传播中国声音、促进文化交流。这一国际化思政育人导向旨在一方面助力学生收获完全人格与全面发展，使思政育人工作入耳入脑入心入行；另一方面，培养学生成为文化传播使者、文化交流使者、文化创造使者，担当"构建人类命运共同体"的责任主体。

其次，基于全员育人、全程育人、全方位育人的目标，针对思政育人工作条块分割的问题比较明显，不同力量之间缺乏深度呼应和配合的问题，华南理工大学广州国际校区在"现代书院制"基础上，探索出学生思政教育的新路径。

一是坚持"教师主导与学生主体互融共生、中方教师与境外专家协作交流"的协同育人理念，实现"全员育人"。校院领导和专业教师走进学生群体，打造"知行合一、言传身教、亦师亦友"的本科生导师队伍，并由思政课教师、团队化学生、专业课教师、境外汉学家、文化学专家、三创型人才组成"多层合作"的教学主体。

二是基于"书院+学院+研究院"组织载体，筑实"全过程育人"生态。学院负责思政教育第一课堂，书院在前述通识课程、博雅课程、课外活动等内容中完成思政教育第二课堂学习，研究院基于教研协同进一步增加非形式思政教育机会，形成以"三院融通"为范型的思政育人体系。同时，把思政教育贯穿于导师制实施的整个过程中，通过午餐会、晚餐会、每月书院日、学生工作团队进社区等特色活动，在师生交流、生生互助过程中潜移默化地发挥作用。

三是通过传统教学手段与信息技术协同，突破时间与空间的边界，推进线上与线下的融合，实现"全方位育人"。基于"本土化""国际化""创新化""互动化""自主化"等原则，聚焦优质网络文化作品生产、学生思想动态调研、网络舆情监测引导以及网络精品课程建设等，构筑校园网"矩阵"和新媒体联盟，建设了一批网络名号、名博、名栏、名篇，形成集宣传、教育、管理、服务功能于一体的网络思政平台，为实现全方位育人提供了有力支撑。

三、"一站式"学生社区试点

"一站式"学生社区是推进高校治理体系和治理能力现代化、国际化发展的重要载体，既是居住场所，也是社交场域，更是育人阵地，其核心在于更新空间治理理念，提升空间治理能力，强化空间育人功能，探索新时代高校育人新载体新路径。作为全国唯一一所在全新校区实践"一站式"学生社区综合管理模式建设试点的高校，华南理工大学将

"一站式"学生社区纳入广州国际校区顶层设计，在把学生社区物理空间布局和广州国际校区建筑规划设计深度嵌合，以高标准打造高品质的社区公共空间和推进新时代高校"枫桥经验"创新方面进行了有益探索。

一是物理空间和功能布局交融，以"一站式"学生社区优化育人服务供给。目前，多数高校由于历史原因，学生社区建设存在多种空间场景，这对全面推进"一站式"学生社区形成客观上的限制。华南理工大学广州国际校区作为高起点、高标准建设的全新在地国际化校区，实现了校区建设和社区发展同步设置、同步实施，用心用情为"润物无声"的育人过程增势赋能。例如，通过打造"50米文化养成圈""100米运动成长圈"，配置人文艺术区、体育运动区、生活配套区、商业服务区等公共空间总面积近16万平方米，实现物理空间上的"一站式"布局。同时，将校区建设和社区发展同步设置、同步推进、同步实施，厚植红色文化、创新文化、博雅文化、国际文化"多元共生"的成长环境，深度融入中国环境成长体验与国际化教学体验。

二是尊重学生的主体性，增强育人工作的亲和力和针对性。早在校区蓝图规划阶段，华南理工大学广州国际校区就已经将校区建设和社区发展同步设置、同步推进、同步实施，践行"学生永远在C位"的建设理念。通过明确浸润性、共情性、自主性、交融性原则，着力破解高教大众化背景下的师生关系疏离、教育国际化趋势下的文化认同式微等问题，华南理工大学广州国际校区强化全要素的动态参与、资源下沉，形成了教师员工全员围绕学生、教育管理全过程关照学生、功能布局全方位服务学生的局面，实现从"管理思维"向"服务思维"、从"有形监管"向"无感引领"转变。同时，正视学生在复杂环境中的价值多元性，创设国际化视野拓展、综合素质育成、创新创业意识培育等多样化教育模块，打造实体课堂、网络课堂、行走课堂、体验课堂、翻转课堂等多元化素质教育体系，以及多姿多彩的第二课堂，助力学生收获完全人格与全面发展。

三是以新时代高校"枫桥经验"创新，助力校园治理共同体建设。在"一站式"学生社区建设中，华南理工大学广州国际校区坚持社区"发展共同体"治理理念，凝聚师生力量参与社区建设，鼓励学生由社区治理的"旁观者"转变为"深度参与者"，营造"人人有责，人人尽责"的良好氛围。通过成立专项工作组、确定工作任务清单，畅通学生诉求反馈与跟进落实渠道，以及健全"接诉即办""首问负责制"工作机制，直面问题不拖延，解决问题不上交，推动诉求回归"原点"、矛盾化解在基层。校领导带头践行"一线规则"，每周与学生面对面，"全覆盖式"实地走访调研各单位，听取学生对社区发展建设的意见与建议，掌握需求、立即响应、限时整改，100%回应学生诉求。这些措施达到了矛盾不上交、平安不出事、服务不缺位的效果，实现了以新时代高校"枫桥经验"助力在地国际化教育高质量发展的目标，为全国高校提供了高水平"一站式"学生社区建设的典型样板。

第三节
构建闭环管理新平台

以生为本,为学而改。教育教学改革的出发点和落脚点在于提高人才培养质量,学生的学习效果和成长成才情况是衡量教育教学改革成效的决定性标准。相比于传统国际化教育,高等教育在地国际化在教育教学改革上更具系统性、关联性、耦合性与互动性。华南理工大学广州国际校区紧抓对教育教学质量具有决定性作用的关键要素,重点突破招生录取、师资质量、课程、学科、项目、人才培养模式、人才评价体系、师资队伍管理等关键环节,创新性地进行全流程、全环节的管理机制和政策探索,创设国际"同质等效"的教育教学环境,持续推动了中国特色高等教育在地国际化建设的提质增效和系统实施。

一、招生录取机制探索

高等教育在地国际化的人才培养需要从生源开始抓起。华南理工大学广州国际校区把招生纳入整体人才培养体系的重中之重,让学术大师、学科专家更多参与"科学选才",参与对学生专业素养和创新潜质的评判。在一些学院或专业探索实行笔试基础上的专业面试,由学科专家组成的评委有针对性地对考生进行深入的学科特长考察。同时,以推动招生改革倒逼专业建设。以"专业+高校"高考志愿模式改革为契机,2019年全面实施按专业类招生,将生源竞争压力直接传导到专业和学院,加强专业内涵建设。其中,典型探索包括以下几个主要做法:

一是提供"二次选拔"机会。华南理工广州国际校区从2019年开始本科招生，在新生入学阶段，新生可参加华南理工大学广州国际校区招生专业和各类教改班的二次选拔。普通类本科生（艺术类专业生、高水平运动员、运动训练专业学生、外语保送生等特殊类除外）在校期间均能申请转一次专业。在第三学期初，按优选转专业条件（前两个学期必修课程平均学分绩点排在专业年级前35%的学生，必修课首次考核全部合格，无未解除违纪处分等）有资格申请在全校范围内转专业。同时，学生在学期间如学有余力，可跨学院辅修专业，辅修学士学位。学生修满学分，达到培养计划规定要求，毕业时可获得辅修专业证书或辅修学士学位证书。为推进工科与医科、理科等其他学科开展交叉复合型人才培养，在学有余力的情况下，学生还可通过线下、线上与线下授课相结合的方式，跨学科辅修与国家战略性新兴产业、粤港澳大湾区发展规划相适应的微专业（方向）。

二是采用"631"综合评价录取。经教育部批准，华南理工大学自2021年开始在上海、江苏、浙江、山东和广东等5省市，深化开展基于高考基础上的综合评价招生录取改革试点工作，即根据学生的"高考成绩（60%）、学校考核成绩（30%）和高中学业水平考试成绩（10%）"（简称"631"）进行综合评价排名，择优录取。采取该录取方式的8个招生专业均设在华南理工大学广州国际校区，录取批次为提前批特殊类，在普通本科录取批次之前，考生即便在此批次没有被录取，也完全不影响之后在普通本科批次的报考。作为国际上通用的录取方式，"631"综合评价录取方式为拥有特长的学生提供了展现自我的舞台，除了60%的高考成绩以外，30%的部分是通过面试等方式考察学生的基础知识掌握及灵活运用、沟通与团队协作与创新思维等综合素质，以及其对科研追求的执着程度等，改变了一考定终身的局限，让学生拥有更多成功的可能。

作为粤港澳大湾区国际化教育改革个案试点单位,"631"综合评价录取方式打破了"分数决定论"的固有缺陷,且与华南理工大学广州国际校区的在地国际化教育模式具有天然的适配性。不同于其他中外合作办学院校的同类招生方式,华南理工大学广州国际校区是一个在地国际化培养、颁国内重点高校文凭的个案改革试点,为因材施教吸引和培养一流人才、高质量打造同质等效的国际化教育提供了更坚实支撑、更广阔空间。

二、高水平师资引培

人才是强校之基、发展之要、活力之源,也是高阶层次的高等教育在地国际化的重要保障。华南理工大学广州国际校区以人事聘用制度改革为突破口,探索实施中国特色的预聘长聘终身教职制,借鉴国际一流大学终身教职体系的成熟经验,在新引进教师的招聘准入、培养、岗位晋升等方面对标世界一流大学,形成了一套较为成熟完备的人才遴选、聘任程序。

一是以"小而精"原则构筑人才高地。坚持规模控制、优化结构、合理分流、提高效能,突出"高精尖缺"、宁缺毋滥,面向全球超常规引才聚才。在"部—省—市—校"四方协议的总体框架下,华南理工大学广州国际校区经过充分论证,按照国际一流高校师资规模"小而精"的基本原则,核定各学院和研究院的专任教师、研究系列、行政和教辅人员编制数量。同时,建立人力资源动态调整机制,在最终核定的编制和岗位数内,明确聘用流转机制,空缺岗位由学校进行战略性调控与填补。此外,通过严格师资引进标准和准入条件,打造专职为主,专兼职结合的国际化师资队伍,还充分利用博士后制度和专职科研人员队伍建设计划,进行国际化师资的培养与长期储备。

二是汇聚优质国际化师资,组建EMI公共课程师资团队。华南理工大学广州国际校区的所有公共基础课、学科基础课、专业课均采用英语和高水平英文教材开展教学。同时，为了高质量完成校区本科公共基础课程教学任务，华南理工大学广州国际校区以课程立项建设的形式，凭借有吸引力的待遇和政策支持，吸引汇聚了优质国际化师资，为校区加速打造了一支英语教学能力突出的公共课师资队伍。同时，立项建设EMI（以英语为媒介的教学，English as Medium of Instruction，简称"EMI"）课程，以公共基础课为主，引入国外成功体系，积极推进教师全英教学、工程教学能力和水平提升，以提高中青年教师教学能力为关键，完善教师培训、交流、评估、咨询、服务系列制度，切实提升教师教学能力。此外，开设"全英教学工作坊""全英学术写作教学指导"等培训课程，为教师提供全英课程教学能力培训。

三是建立与国际接轨的师资队伍分类管理制度体系。华南理工大学广州国际校区出台实施以《国际校区教学科研岗位分系列管理规定》为总纲，《国际校区教研系列岗位管理办法》《国际校区教学系列岗位管理办法》《国际校区研究系列岗位管理细则》为支撑的全套分类管理制度，教师岗位设置与职业发展路径接轨国际通行模式。通过因才设岗，充分支持各系列教师自主、自由发展，为人事聘用改革提供前期保障。凭借全新的平台优势，华南理工大学广州国际校区顺利革新了传统人事"贴膏药"式的人员分类管理方式，遵循世界一流研究型大学对各系列职位结构与能力要求的共识，破除高校人才国际流动的身份识别障碍。此外，根据所承担国际化教育教学和交叉科学研究特点，华南理工大学广州国际校区对学术职位完成系统设计，允许"一院一策""一院多策"，针对不同系列、不同学科特点的教师职位制定了差异化的聘用方式、聘用条件、评价标准和保障体系。

总体上，作为粤港澳大湾区在地国际化教育改革试点，华南理工大学广州国际校区汇集起一批活跃在国际学术前沿、满足国家重大战略需求的高水平、国际化人才队伍，为提供同质等效的在地国际化人才教育提供了师资保障。截至2023年底，华南理工大学广州国际校区已面向全球引才390人（部分与学校其他校区双聘），新聘师资队伍100%具有海外一流高校、科研院所教育工作经历，超80%具备全球排名前100高校的学习工作经历，40岁以下青年人才占比71%。

作为人才队伍建设创新的典型代表，前沿软物质学院以学科全球前50的高标准引进人才，汇聚了一支年轻化、国际化、高水平的教学及科研团队。学院创新用人机制，以"学院+高端研究院"的新型学科载体，实行与国际接轨的人事聘用制度，用一流的标准搭建专兼职相结合的高水平研究队伍。参考借鉴国际先进管理理念，采用专家评审委员会模式，设立国际学术委员会。第一届国际学术委员会由中、美、日、欧8位国际知名专家院士组成，承担人才引进的终审评估和后续学术成果评估。学院院长对人才引进评审过程中无推荐权，仅有否决权。由于该委员会委员在任期内不变，尺度统一且始终比较一致。对不同学科背景、方向和科研侧重（基础、应用基础或应用工程化）的人员都可以进行一定的弹性评价，有效解决了人才评估和成果评估受学科和背景不同所制约的矛盾，也与"破五唯"的思想不谋而合。前沿软物质学院成立以后的五年间，先后引进35位海归精英人才，含院士、千人计划、万人计划等人才项目获得者9人；获批科技部创新人才推进计划重点领域创新团队1个、广东省珠江人才计划创新创业团队1个，助推学院在软物质研究领域达到并保持世界一流水平。

三、打造一流国际教材选培体系

华南理工大学广州国际校区从健全教材体系出发，坚持"注重导向、确保质量、打造精品"的建设原则，发挥学校师资、学科、平台等优势，建设了一批高质量、高水平、有特色的国际化精品教材。同时，鼓励并优先支持特色专业以及新兴学科、边缘学科、交叉学科专业开发教材，尤其是优先支持新工科专业开发系列教材，优先支持覆盖先进制造业、现代服务业、战略性新兴产业等相关专业领域内容的教材，引进一系列经过教学实践检验，在学科领域具有较高声望和影响，比较成熟的优秀原版教材和专著。其中，典型做法主要有以下几个方面：

首先，推进境外教材审核规范有序进行。华南理工大学广州国际校区鼓励引进和选用先进的、能反映本专业学科发展前沿的境外优秀教材（含原版进口、影印、翻译、编译的教材），尤其是信息科学、生命科学等发展迅速、国际前沿的学科和专业教材。加强境外原版教材和自编讲义的审核，按照教师推荐、学院初审、专家审查、学校审定的审核流程，每学期对下一学期拟使用的境外原版教材和自编讲义进行"一本双查"，确保使用的教材价值导向正确、符合本专业人才培养目标及课程教学要求。除出版物外，华南理工大学广州国际校区还顺应"新工科"建设要求，打造了一批适应国情、校情、学情的讲义、视频、题库、教学案例等辅助教学资料，校本教材建设取得显著成效。

其次，树立在地国际化教材建设的"五个一流"原则，以扎实学识和前沿研究支撑高水平教学，高质量分批建设系列精品教材。一是组建高水平、专业化、传帮带的教材编写团队，原则上由院士、国际顶尖大师、国家级教学名师、长江学者、国家杰出青年科学基金获得者、国家教学成果奖第一完成人等在国内外有较大影响力的高层次人才担任主编（著者），基础知识扎实、教学业务过硬、科研水平优秀和富有创新精神的优秀中青年教师参与编写。二是坚持"以学生为中心"的人才培养理念，体现教育教学改革的最新趋势，以提升学生的创新精神和实践能力为宗旨，聚焦培养学生的自主学习能力和逻辑思维能力，使教材成为培养创新实践人才的有力支撑。三是秉持"守正出新"的原则，教材内容既注重阐明本学科的基本原理，又注重扩大学生的知识面，反映当代课程建设与学科发展新成果、新知识、新技术，推进学科交叉创新。四是以学科、专业建设为平台，整合产学研的优质资源，将优质资源有效转化为教材编写资源。五是以纸质教材为基础，以现代教育技术为依托，建设立体化教材，最大限度地满足教学需要。

总体上，为适应国际社会环境和本土化教育改革的需要，华南理工大学广州国际校区的教材选择注重由"学科知识取向"走向引导"学习者取向"，精选高质量原版教材，高标准编写国际上公认的高水平自主学习型教材，为中国高校教材改革做出了有益示范。

四、探索深度融合的特色课程群

华南理工大学广州国际校区重点布局引领世界前沿科技、对接国家战略需求的新工科，在课程群建设中以跨学科、跨领域、跨国界的模式，构建起"通识+专业+创新创业+跨文化"深度融合的育人体系，培养掌握关键核心技术的新工科领军人才和产业领袖（图8-2）。

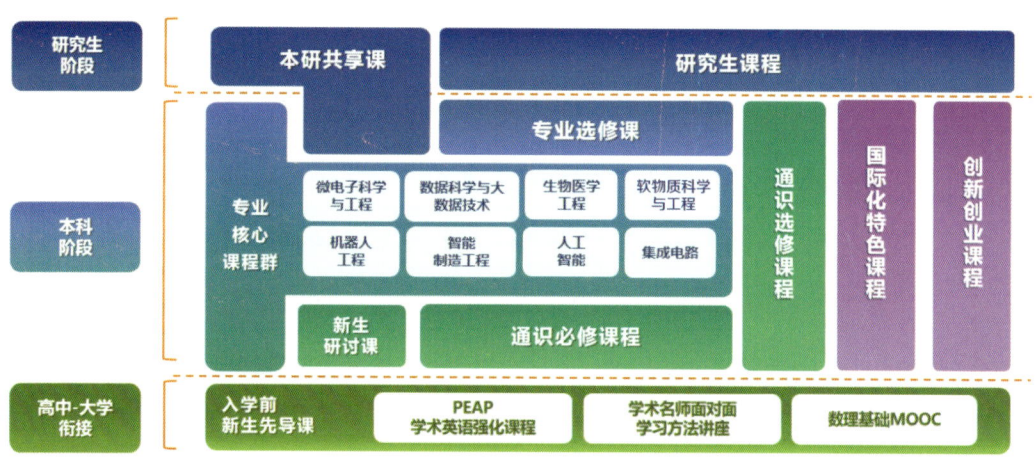

图8-2 华南理工大学广州国际校区的特色课程群示意图

（1）通识课程。为进一步支撑新工科人才培养的高度、广度与深度，优化新工科通识教育体系，华南理工大学广州国际校区构建"同心圆"通识课程框架，致力于拓宽基础、强化素质、培养通识的跨学科基础教学体系，打破学科壁垒，引导学生获得广泛的知识和思维方法，以谋求长远发展。在通识课的具体设置上，构建了基本课程、拓展课程和开放课程三位一体的课程体系。其中，基本课程包括科技工程伦理、批判性思维、大学生心理健康教育等3门课程；拓展课程由哲学与人生、历史与文明、文学与修养、艺术与审美、经济与管理、社会政治与法律等6个模块构成，学生需要各修读任意3个模块中的一门课程；开放课程由书院研讨课、暑假国际课程、服务学习课程等构成，列入"第二课堂"学分。

（2）专业基础课程。由专业类平台课、专业核心课程、新生研讨课、学科前沿导论课等课程组成。鼓励进行课程整合，适当压缩课内学时。其中，专业类平台课指在第一、第二学年，通过整合原有课程而形成的大学分专业类基础课程，由高水平教授领衔建设；专业核心课程原则上对应《教学质量国家标准》的核心课程，专业核心课程数量控制在6—8门。各专业尽量设置与理论课程相对应的课程设计和独立开设的实验课程；新生研讨课由各专业在一年级开设2门，由学科带头人和知名教授主讲；学科前沿导论课由各专业至少开设1门。

（3）创新创业课程。由创新创业理论课程和实践课程组成。一方面，所有专业至少开设一门专业创新创业类选修课程。每个专业学生应完成"三个一"创新创业教育实践环节，其中，理科类、医学专业要求学生选修一门学科前沿专题课（可与专题研讨课相结合），完成一份创新创业调研报告，提出一项创意；工程应用类专业要求学生选修一门创业教育课（经济与管理通识课程模块），完成一份创新创业调研报告，提交一份创业计划书；其他类专业要求学生选修一门创业教育课，完成一份创新创业调研报告，提交一份创业计划书或创意。另一方面，创新创业实践课程主要包括"创新研究训练""创新研究实践""创业实践"等课程。学生根据自己开展科研训练项目、学科竞赛、发表论文、获得专利和自主创业等情况申请折算为一定的选修课学分。

（4）跨文化课程。为了提升学生的国际化意识和校园国际化氛围，华南理工大学广州国际校区还开设德、法、日、西等第二语言类课程，以增强学生语言学习能力，拓宽学生国际化视野，通过引入"虚拟第三学期"课程，譬如"国际教育与跨文化交流"，满足学生出国访学、留学、境外交流及毕业后在跨国企业就业的需求。

● **典型案例**

程正迪院士领衔的华南理工大学广州国际校区前沿软物质学院，坚持"国际化、高水平、创新型"发展定位，综合借鉴MIT、哈佛等国际和国内著名高校的优点，建设跨学科新工科课程体系，为国内学生提供"等质同效"的全球优质教育资源。学院基于理工结合、既理又工的教学培养理念，在华南理工大学广州国际校区"在地国际化"办学特色和多元化学生成长社区管理模式下，实施全员学业导师制育人工程。学院全体老师身兼数职，既是科研工作者也是本科生任课教师和学业导师，科研工作、教师工作、学生工作一手抓。学院全体科研人员均担任本科生、研究生的教学任务，不论行政级别，不论头衔身份，无一例外，充分发挥导师"领航"作用。

同时，前沿软物质学院创新模块化教学理念，强化源头培养、跟踪培养、全程培养。通过暑期学校、短期讲学、前沿讲座等多种形式，"借脑"国际师资实施国际化精英教育，打造起一套参考国际标准自建的本、硕、博贯通课程体系，培养适应国家产业需要，拥有宽广深厚的理论基础，具备创新意识、基础科学研究能力、研发与产业化能力的理工复合型高素质人才，为学生毕业后继续深造、成长为高学历专业人才奠定坚实的基础（图

8-3）。学院先后荣获包括"全国教育系统先进集体"（2019年）、"广东青年五四奖章集体提名奖"（2022年）在内的多项国家和省级集体荣誉奖励，成为软物质领域世界一流水平的创新高地和人才培养基地。

图8-3　前沿软物质学院建设的跨学科新工科课程体系

在基于以上"四位一体"课程群的建设基础上，华南理工大学广州国际校区还尝试建立课堂教学质量监控机制。建设课程质量标准，通过雷达图分析，淘汰"水课"，打造"金课"；进一步加强课堂管理，把确保课堂教学内容安全作为课堂质量的首要条件；完善课堂教学质量评价制度，构建学生、同行、督导参与的多元评价体系；建立教师教学跟踪诊断机制，强化教师对教学效果的总体评价和教学反思。各学院亦对本科教学质量高度重视，定期开展本科教学研讨会，包括教学方法讨论、与学生座谈等，推进教风与学风建设。此外，在学校现有的教学质量监控体系基础上，校区对全英公共课程探索创新更加精细化、多环节的质量监控体系，重视组织开展经验分享会和课程建设专家讲座，持续推动教学质量提升。

五、打造特色化的开放合作项目

教育对外开放作为贯通"教育、科技、人才"三位一体的"催化剂",对整合全球优质要素资源、推动多层次跨境协同创新、建设世界一流大学具有不可替代的意义。华南理工大学广州国际校区先行先试,开展"引进来"和"走出去"相结合的有组织国际化拔尖创新人才培养,推进"双向国际化"、对等性规模化的教育对外开放创新,在系统性、规模性、有组织的在地国际化合作项目方面实现新的突破。

首先,瞄准全球优质教育资源,有组织推进全方位、多层次的国际化合作办学。华南理工大学广州国际校区各学院均建立了"一对一"(1+1)或"一对多"(1+N)国际合作模式,通过坚持以点带面、点面结合,平等互鉴、互学互通,强强联合、共育英才,坚持国际化和本土化相结合,推动国际合作办学与交流进入多样化、重实效的新阶段。目前,华南理工大学广州国际校区已与美国、加拿大、英国、法国、德国、比利时、瑞典、丹麦、葡萄牙、俄罗斯、澳大利亚、日本、韩国、新加坡、新西兰等国家和中国香港等地区的世界一流大学开展合作,建立了国际化名师、海外名校课堂、课程共建、互设海外教学/交流基地、国际双学位、境外短期交流以及学分互认联合培养等多类合作项目。

例如,华南理工大学广州国际校区常态化联系国际知名专家教授来校讲授学分课程、指导学生科研项目,举办国际名师联合工作坊、联合讲学、联合培养学生,并开设海外名校线上及线下专业与通识教育课程、暑期在线第二课堂等,取得了积极效果。此外,华南理工大学广州国际校区采取3+2本硕、3+1+X本硕/博以及硕士双学位项目等多类型合作办学模式,让学生在国内和国外分阶段接受高等教育;依托中外学分互认的联合培养项目和海外学生交流、交换项目,实现所有专业核心课程与国际一流高校的课程学分互认,打造了与国际一流高校自由交流的课程通行证。

其次，打造有组织来华学习的标杆项目，推进国际化双向人才培养。一方面，华南理工大学广州国际校区依托在地国际化优势，接收合作院校学生来校学期制学习。其中，与美国罗格斯大学互建海外交流/教育基地的"双向"国际化合作已形成大量值得推广的创新经验。2020年"美国罗格斯大学海外教学基地"落户华南理工大学广州国际校区，开创了在地国际化教育合作新模式——Rutgers Overseas Semester Experience（ROSE）项目。ROSE项目形成了"独立配置，联合管理，无缝对接"的中美协同管理模式，双方定期开展专题教学分享，在探究教学方法上互学互鉴，共同制定和推进ROSE项目教学大纲，对学生的考核标准、评分规则等中美差异较大的环节进行细化探讨；学校各部门与ROSE广州管理团队、美国本土管理团队保持紧密互动，定期开展例会研讨，对教育教学面临的问题进行分析研究，对各类突发事件进行研判处置，双方在责权清晰的基础上，实现全过程、全方位的协同联动。

基于上述创新举措，ROSE项目取得了显著成效，特别是全球疫情期间华南理工大学广州国际校区面向罗格斯大学，共接收4批342名该校中国籍大一新生来校学习，提供8门课程线下全英教学，经过测试，ROSE学生整体成绩均高于其他国内院校，甚至超过罗格斯美国本土就读学生的成绩。罗格斯大学副校长Eric Garfunkel多次专程来校，探究这一成效的原因，在实地调研中表示华南理工大学ROSE项目的办学成绩最为突出、校际合作深度最为明显、在地国际化程度最为凸显，收获了学生和家长的极高满意度。

另一方面，基于前期合作经验，围绕开展有组织来华留学，华南理工大学广州国际校区还启动了新工科国际暑期学校（以下简称"暑校"）项目，探索学期制来华留学，以及批量来华攻读学位及短期研学等中外学生互学互鉴新模式。例如,在2024年暑校项目中,华南理工大学广州国际校区吸引了来自美国、英国、西班牙、德国、俄罗斯、马来西亚等国伙伴高校的近80名国际学生和来自哈佛大学、麻省理工、牛津大学的26位世界一流学者,开展新工科研究学习之旅。暑校的学习交流模式聚焦人工智能、软物质材料、生物医学、化学工程、电力科技革新等前沿"新工科",整合校内外多方资源,邀请世界一流学者来校联授课程;设计企业深度研习的"移动课堂",参访具时代特性的知名企业,深入探索中国企业文化与科技创新的窗口,沉浸体验中国和岭南地区的风土人情及特色文化,展现中国对标世界一流的高等教育软实力,宣传粤港澳大湾区作为中国经济改革腹地的发展成效,为国际学生搭建了一个跨文化、跨学科的国际化学术交流平台。

此外,华南理工大学广州国际校区依托全英文授课优势,批量接收欧盟学生学位以及短期研学,与欧美发达国家大学合作共建"海外教育基地";在"一带一路"沿线国家建立"优质生源基地",发起"一带一路"高校慕课行计划,推进"一带一路"高校优质教育资源和优势课程共享。在国际教学基地建设方面,华南理工大学广州国际校区2020年获评"高水平国际化人才创新实践基地"。

以上述实践为主要代表的多层次、高质量国际化合作项目,蕴含着国际同行和学生对华南理工大学广州国际校区教育品质的认可,也是华南理工大学广州国际校区在地国际化模式创新成效的体现。各类项目深化了在地国际化教育内涵,有力形成了本校学生到国外学习和国外学生到本校学习的互换培养机制,既引入全球优质教育资源,为本土学生提供沉浸式国际化成长环境,又贡献中国方案,打造国际学生的理想聚集地,推动"在地国际化"与"双向国际化"互促双强,探索出了中国高等教育高质量发展新路径。

第四节
探寻提质增效新路径

聚焦国家创新发展目标，华南理工大学广州国际校区基于"顶天立地"理念，探索出一条有效服务国家和区域战略需求的行动路径。基于多学科交叉融合建设优势，既注重学生对理论知识的学习，也遵循"由浅入深、循序渐进"的学生认知规律，构建与理论教学体系相互匹配、相互联系、相互补充的相对独立的实践教学体系，实现知识掌握、能力培养和素质养成"三位一体"的成长。通过人才培养模式的创新，华南理工大学广州国际校区建强"学院+高端研究院+行业联盟"的产教研融合方式，推动创新要素向企业集聚，创新与技术体系相适应的科技成果转化机制，有力推动了科技成果由体制内循环向"内外双循环"的转变。

一、"顶天立地"回应国家需求

科技创新是国际战略博弈的主战场，保证关键核心技术的自主可控，既是自主性高等教育在地国际化发展的题中之意，也是从根本上保障国家安全、提升国家综合实力的内在要求。作为以工见长的"双一流"建设大学，华南理工大学广州国际校区发挥特色优势，"顶天立地"地以一系列研究成果和应用转化，展现科技创新发展中的高校担当。所谓"顶天"，即为国家战略服务；"立地"，则是侧重面向经济建设主战场，主动推动重大科技创新成果、关键技术突破转变为先进生产力。作为智力资源更为集中、创新要素更多元、信息知识更丰富的"智慧高地"，华南理工大学广州国际校区围绕国家和地方发展的产业布局，在培育适于国家经济发展的高素质国际化人才，以及为地方发展提供国际智力、注入创新源泉等方面，做出了示范。

在"顶天"方面，华南理工大学广州国际校区的创新实践主要体现在前沿性和基础性研究两个方面。首先，构建坚持"四个面向"（面向世界科技前沿，面向经济主战场，面向国家重大需求，面向人民生命健康）的前沿学科生态。华南理工大学广州国际校区重点布局引领世界科技前沿、服务国家战略、孕育颠覆性技术变革的新工科交叉领域的学院及专业，大力发展大数据、物联网应用、人工智能、基因工程等新技术和智能制造、集成电路、生物医药、新材料、新能源等新兴工科，主动对接国家战略性新兴产业发展需求，着力培养国家急需人才。其次，持续加强基础研究。华南理工大学广州国际校区不断优化基础研究学术生态，聚焦世界学术前沿，加大学科交叉研究，培育战略性、前瞻性的重大基础研究成果，从源头上解决重大科学问题，持续增强基础研究支撑引领创新驱动发展的能力。

除了坚持科技创新"顶天"，华南理工大学广州国际校区也注重成果"立地"，坚持"融入发展促发展"的办学思路，主动服务国家特别是粤港澳大湾区发展。按照国家实施创新驱动发展战略部署，华南理工大学广州国际校区瞄准世界科技前沿，聚焦国家重大战略需求，深化科研体制机制改革，充分释放科技成果转化效能。一方面，围绕"新工科"建设目标，每年投入专项资金大力推进知识产权管理和运营工作，着力培育优势学科高地，服务粤港澳大湾区战略性新兴产业布局；另一方面，不断拓宽技术转化的途径，积极推动优势学科对接国家、地方重点产业需求，依托华南理工大学在大湾区重要枢纽城市布局搭建的"五院一园"科技成果转化示范区，加速学校科技成果落地转化。此外，通过充分发挥毗邻港澳及东南亚的区位优势，华南理工大学广州国际校区有针对性地探索推动港澳科技成果转化机制创新，建立起应用型成果快速转化体系，加强与创新型国家和地区、"一带一路"沿线国家及港澳台地区的科技合作，以"项目+人才+基地"相结合的合作方式，有力地支撑"一带一路"倡议、粤港澳大湾区的建设。

二、多学科融合滋育前沿成果

华南理工大学广州国际校区以优势工科为依托，重点布局新兴交叉学科或学科新方向，以"学院+若干研究院"模式构筑了交叉学科群。目前，华南理工大学广州国际校区成立的学院和研究院已进入稳步推进阶段，通过学科交叉融合催生了一系列高水平科研成果。

其中，吴贤铭智能工程学院重点围绕人工智能、大数据、机器人与自动化、先进制造与高端装备等领域开展人工智能与传统工程的交叉研究；前沿软物质学院致力于开展生物、环境、医学、高分子等领域的交叉科学问题研究，突破原有学科界限，建设多功能产业研发创新中心和平台；生物医学科学与工程学院在生物学（肿瘤生物学、系统生物学、单细胞生物学）、计算和基因组医学、免疫学和免疫工程、干细胞和组织工程、纳米医学与药物递送等方向开展生命科学和材料科学交叉研究；微电子学院正在围绕高端芯片研究等关键核心问题，开展5G射频集成电路芯片收发系统关键模块研制，有望实现弯道超车，在5G领域形成核心优势，谋求在未来领跑6G，打破高端芯片受制于人的局面。依托学院建设的自旋科技研究院（Spin-X）以自旋为核心研究对象，探究其在量子信息科学和生命科学等领域中的基础应用和未来技术。

三、多方位拓宽成果辐射范围

华南理工大学广州国际校区高标准建设工程训练中心、实验教学中心以及"大学生双创国际园",在充分满足本校学生需求的同时,致力于将办学成效辐射港澳及国际合作高校。依托学院高水平实验平台,整合学科、科研资源和教学资源,建设了一批高水平校内大学生创新创业训练基地。

一是提供智能化时代的工程创新训练平台。智能化已经成为全球未来10年的一个主要发展方向,中国、欧盟、美国都发布了新的愿景。中国在"十四五"规划和2035年远景目标纲要中,将行业智能化作为重要的发展方向,并围绕制造、能源、农业、医疗、教育、政务等给出了明确的发展目标。

在此背景下,华南理工大学广州国际校区已建成包括化学中心、物理中心(电子电工)、算力中心、工程创新训练中心在内的公共基础实验平台集群,面积16000平方米,成为科教支持系统的重要组成部分,支撑校区各专业开设各类公共基础实验、基础实训课程、专业实验课程以及其他探索性实验项目。在基础实验平台的基础上,工程创新训练分中心将产业和技术的最新发展、行业对人才培养的最新要求引入教学过程,将人工智能、机器人、大数据、网络化、数字化等先进制造技术引入实践教学环节,以"一工厂三平台一工坊"为基本架构,包括"智能物流""智能机器人""网联汽车""数控加工""五轴加工""3D打印""特种加工""机器学习""无界化研讨"等26个教学模块,采用全天候24小时"智能图书馆"的管理模式,为学生提供跨学科、跨学院、跨校区和跨境的交互实践模式,引导学生开展前沿探究、创新训练、竞赛驱动与创业孵化。

二是引进国内外大型企业实践资源,共建校企高端联合实验室和未来创新实验室。华南理工大学广州国际校区充分利用学校的学科和师资优势，与产业界行业龙头企业进行深度合作，在校内共建"未来创新实验室"。"未来创新实验室"致力于探索人类的未来，孵化创新技术和新兴产业，倡导学科交叉、探索未知、体验式学习与团队协作的教育理念，从而为学生提供探索未来无限可能性的平台。其中，校区三大学院已探索实现多项创新实践成果。

生物医学科学与工程学院通过"学院+高端研究院"模式，贯通本科、研究生、博士后的完整人才培养体系，在与新加坡国立大学建立长期伙伴关系的基础上，携手新加坡百吉生物有限公司（目前华南地区规模最大的免疫细胞药物产业化基地和平台）共建本科、研究生联合培养基地，扎实推进实践育人，以"培养新工科拔尖创新人才"为目标，为本科生和研究生提供多类型的专业实习平台。微电子学院在开展前沿学术研究的同时，深度对接企业需求，在集成电路领域开展核心关键技术研究并积极推进技术转化，建设了集成电路人才培养基地、国家级人才培养模式创新实验区、国家工程实践教育中心、国家级实验教学示范中心等教学实践基地，以及华南理工大学—华为技术有限公司"天线基础技术创新实验室"等校企联合实验室，构建多现场覆盖的创新工程实践平台，提供多类型、多层次创新创业项目。未来技术学院积极开展企业合作，创建产业链技术开发平台，与人工智能的大数据方向的头部企业，如百度、阿里巴巴、科大讯飞等头部AI企业建立联合实验实训室，打造省部级科研基地、校企联合实验室等科技创新平台，加强科研基地的支撑作用，支持学院"新工科"学科建设和高层次人才培养工作，并共创联合博士培养项目等。

三是推动与国外知名企业、研究机构开展合作，开拓实习基地。华南理工大学广州国际校区以学院为单位，与世界或中国500强企业、行业龙头企业（至少是上市公司）建立稳定的实习教学合作关系，为学生提供进驻校外知名企业学习的优质资源。同时，鼓励相关专业与行业知名企业合作共建跨国实践实习基地，选派学生到国外机构实践实习。依托该计划，一方面，广大教师将服务和解决企业生产一线实际需求作为实习课题并列入实习教学计划，引导学生带着任务进企业，并在企业导师的指导下开展工作；另一方面，实现校外实习"课程化"，打造高质量的实习课程，通过成建制安排学生开展校外实习，学院和企业共同制定校外实习教学目标和培养方案，共同建设校外实习教学的课程体系和教学内容，共同组织实施校外实习教学的培养过程，共同评价校外实习教学的培养质量。

四、多渠道提升成果转化效能

如何推动科研成果与市场对接和完成产业化，是高等教育国际化办学和科研合作的难点问题，在地国际化的办学模式面临同样的挑战。立足既有优势，华南理工大学广州国际校区同样在国际化教学科研成果的转化方面进行了创新性探索。

华南理工大学广州国际校区着力推动科技成果转化领域的"放管服"改革，提高科技成果应用转化率。一方面，成立科技成果转化及企业国有资产管理领导小组，设立科技成果转化办公室，形成集科技成果转化、知识产权管理、国有资产管理于一体的管理模式和运行机制，实现科技成果转化一站式服务。另一方面，依托已出台的推进科技成果转化和创新创业的"华工十条"，明确将成果转化所获收益按比例一次性奖励给科研人员。此外，深化考核评价改革，增设成果转化专业技术岗，修订职称评价标准，考核注重突出科技成果服务国家重大需求和区域经济发展的实际需求。通过体制机制的改革创新，有效地激发了科研人员的积极性。

此外，华南理工大学广州国际校区通过知识产权供给侧结构性改革，激活了高价值专利培育转化对"双一流"学科的支撑作用。通过打造从基础研究、技术攻关到科技成果转化全链条的协同创新体系，华南理工大学广州国际校区紧扣粤港澳大湾区重点产业发展需求，着力发展成为推进高端成果转化的高地，为广东省未来产业发展增添新的引擎，在校地合作新突破中推进与区域产业的深度融合。同时，为强化学生理论学习与实际应用的结合，华南理工大学广州国际校区已与行业龙头企业腾讯、华为、大疆、广汽、小鹏等共建超过200个产教融合平台，将理论学习与实践锻炼、工程师培养与工程技术创新在产业一线有机融合。

第九章

从创新实践到典型样本：华工模式的进阶之道

作为高等教育在地国际化办学的创新实践、先行样本，华南理工大学广州国际校区的创建不是一蹴而就的，而是螺旋式探索、持续性进阶的产物，既蕴含着华南理工大学顺应教育发展大势的主动而为，也是多方持续努力与厚积薄发的必然结果。从最初的理念构想，到广州市委、市政府倾力支持建设，广东省委、省政府的高度认可并积极主导，再到教育部超出惯常的全力支持，最终成就了华南理工大学广州国际校区史无前例的"部省市校"四方共建。

回顾华工模式从无到有的变革之路，可以发现这是一个应时而变、聚力而为、乘势而上的创造性过程。其中蕴含的诸多关键节点、关键事件，发挥了至关重要的作用，留下了一幅幅鲜活的实践图景，既生动刻画了华工模式的探索历程与创新内核，也为全国和世界高等教育在地国际化校区的建设积累了宝贵经验。

第一节
应时而变，对接时代所需

从历史经验来看，重大创新的诞生往往是抓住了历史变革时机。善于用好历史机遇，顺势而上，奋发有为，就能赢得事业发展的战略主动。回溯来处，华南理工大学广州国际校区的建设之路并非一蹴而就，而是在特定历史背景中上下求索的时代产物——不仅是建设世界一流大学和一流学科的应势之举，也是立足广东省和广州市高等教育发展格局、推进高等教育高质量发展的应需之策，同时也离不开学校层面持续创新办学路径、有效整合资源条件、合理设计行动步骤的主动作为。广州国际校区的建设过程，回应了在新时代如何建设一流大学的重要时代命题，在创造高等教育在地国际化的华工模式的同时，也为全国高等院校的国际化进程提供了可参考可复制的先行样本。

一、响应国家战略部署：建设世界一流大学

华南理工大学广州国际校区的建设，是抢抓世界高等教育国际化转型新契机，探索符合中国国情的高等教育国际化发展之路的时代产物。随着经济发展进入新常态，国家治理体系与治理能力现代化建设日趋纵深推进，中国前所未有地走向世界舞台中央，对教育、科技、人才的渴求和相应的竞争比以往任何时候都更加突出。同时，激荡交织的国际形势加速全球经济发展方向的转变，国际留学版图的变化悄然而至，全球教育合作面临危机，客观上要求我们于变局中开新局。

而从实际水平来看,中国高等教育始终面临"大而不强"难题。近十年间,中国高等教育事业发展迅猛,整体水平进入世界第一方阵。中国高等教育毛入学率从2012年的30%,提高至2021年的57.8%,用十年时间实现了历史性跨越,高等教育进入世界公认的普及化阶段[①]。同时,中国2024年科学、技术、工程、数学专业(STEM)毕业生人数超500万,全球领先。[②]但是,也应当看到,中国高等教育"大而不强"的问题仍然存在,特别是与传统西方高等教育强国相比,高校在面向世界的国际化进程中面临诸多挑战。2010年发布的《国家中长期教育改革和发展规划纲要(2010—2020年)》指出,要"培养大批具有国际视野、通晓国际规则、能够参与国际事务和国际竞争的国际化人才"。而时至今日,国际化人才的教育质量和供给数量依旧是中国高等教育的短板。

立足新发展阶段,贯彻新发展理念,服务构建新发展格局,是新时代高校发展的重要指引。2014年5月,习近平主席在北京大学考察期间,明确强调要"办好中国的世界一流大学,必须有中国特色",还特别指出,"世界上不会有第二个哈佛、牛津、斯坦福、麻省理工、剑桥,但会有第一个北大、清华、浙大、复旦、南大等中国著名学府。我们要认真吸收世界上先进的办学治学经验,更要遵循教育规律,扎根中国大地办大学"[③]。习近平主席有关高等教育发展的重要讲话精神,在全社会引发了强烈反响,清华大学、北京大学等全国高等院校纷纷表态,要举全校之力建设世界一流大学和一流学科。

---

① 人民网. 教育部:我国建成世界最大规模高等教育体系 接受高等教育的人口达到2.4亿[EB/OL]. (2022-06-10)[2022-05-17]. http://www.moe.gov.cn/fbh/live/2022/54453/mtbd/202205/t20220517_628254.html.
② 中国政府网. 每年超500万STEM毕业生,全球领先!——读懂中国经济新优势[EB/OL]. (2024-04-01)[2024-06-18]. https://www.gov.cn/yaowen/liebiao/202404/content_6942783.htm
③ 央广网. 习近平在北京大学师生座谈会上的讲话[EB/OL]. (2014-05-04)[2022-09-10]. https://www.gov.cn/xinwen/2014-05/05/content_2671258.htm

2015年10月24日，国务院印发了《统筹推进世界一流大学和一流学科建设总体方案》，明确提出要"坚持以中国特色、世界一流为核心，以立德树人为根本，以支撑创新驱动发展战略、服务经济社会发展为导向，加快建成一批世界一流大学和一流学科，提升中国高等教育综合实力和国际竞争力，为实现'两个一百年'奋斗目标和中华民族伟大复兴的中国梦提供有力支撑"；同时，还特别要求推进国际交流合作，"营造良好的国际化教学科研环境，增强对外籍优秀教师和高水平留学生的吸引力"。这一方案明确了高校高质量发展的前进方向，明晰了全国高等教育建设的具体路径。

在此背景下，华南理工大学广州国际校区的创建是因时而进、因势而新，敏锐响应国家战略指引的有效行动。将目光转向本土，推进高等教育在地国际化，促进国际经验与中国特色深度融合，是推进教育对外开放战略和实现人才强国目标，"以不变应万变"的成功作为。建设世界一流大学以及教育对外开放战略，为高校推进国际交流与合作提供机遇，为国内外人才的双向流动提供了政策支持。以在地国际化教育内涵式发展为主体，打通国际国内高等教育"双循环"通道，是新时代高等教育发展的必然选择。① 华南理工大学运用自身学科优势和国际办学经验，创办高等教育在地国际化模式的广州国际校区，有效顺应了中国高等教育体系转型升级趋势，契合了国家发展战略所需，反过来也使自身领先一步的创新性探索找到了明确路标。

二、对接地方发展需求：回应省情市情期待

从战略层面而言，学校发展的每个阶段，都需要关注如何结合自身优势，将学校发展的内在需求，有效嵌入地方发展轨迹，选择最优的发

---

① 蔡永莲. 在地国际化：后疫情时代一个亟待深化的研究领域［J］. 教育发展研究，2021（3）：29-35.

展路径，获取更多的资源，实现高校与地方发展的相向而行，共同发展。华南理工大学广州国际校区的创建，既是顺应国家宏观政策的战略举措，同时也是积极融入地方发展的合作策略。在此，"华工模式"的一个典型经验在于，充分利用自身的平台优势，发挥粤港澳大湾区所在高校的区位优势，嵌入广东发展情境，与广州同城共荣，紧密结合地方发展战略，积极回应社会需求，融入发展促发展，强化在地国际化教育与地方发展的"同频共振"。

广东是改革开放的排头兵、先行地、实验区，在中国改革开放大局中具有独特的示范引领地位和作用，在高质量发展上肩负重要使命和重大责任。作为中国经济发展核心引擎、对外开放的重要门户，广东经济实力雄厚，且紧邻国际化教育资源丰富的港澳地区，又有国家政策的大力支持和自身已有的国际教育办学条件加持，可谓坐拥天时地利人和，具备开展高等教育国际化办学的多重叠加优势。同时，广东近年来在抢抓大湾区发展机遇，瞄准前沿科技和新兴产业跃升，为未来经济社会发展谋篇布局的实践中，亟须大批具备国际视野和水准的高端人才，而建设世界一流大学和高等教育在地国际化，正是实现国际化人才源源不断供给的最有效方式之一。

从广州市来看，作为粤港澳大湾区的中心城市，广州经济发展水平和发展活力全国领先，在全国加快构建开放型创新型经济新体制中发挥重要的引领和带动作用。《广州制造2025战略规划》提出，广州将重点发展人工智能、新一代信息技术、生物医药、新能源汽车、新材料等新兴前沿科技产业，打造稳固支撑经济实现高质量发展的"四梁八柱"。而新兴前沿科技产业的发展，离不开前沿高端人才的支撑。为进一步储备国际化人才，推动建设粤港澳大湾区核心引擎城市，实现未来经济社会高质量可持续发展，广州高度重视推进高等教育国际化，相继在《广州市中长期教育改革和发展规划纲要（2010—2020年）》《广州市教育事业发展"十四五"规划》等政策文件中多次强调推进广州高等教育国际化的重要性，并明确了具体的阶段性目标和落实机制。华南理工大学作为一所"双一流"建设A类院校，学科结构高度契合广州市新经济新产业的发展需要，是广州快捷获取足额对口型国际化高端人才的极佳选择。

随着2014年以后国家层面传递出愈加明确的政策信号，在本土建设世界一流大学、实现高等教育国际化发展，成为新时代教育强国的重要举措。在此宏观背景下，各地方政府都非常重视高等教育，加大各项资源投入，竞相推进高水平大学建设。广东省同样迅速行动起来，开始展开相应的探索。2014年4月，为了推进广东省高等教育高质量发展，时任广东省主要领导专程到华南理工大学进行专题调研，在座谈会上强调广东高等教育已经走过规模扩张阶段，未来需要围绕提高办学质量和教育水平，加强高水平大学建设，为国家和地方经济社会发展提供更好的人才保障、科技支撑和智力支持。

2016年1月，广东省召开全省理工科大学和理工类学科建设会，暨高校科研体制机制改革工作推进会，部署了"加快建成一批高水平理工科大学和理工类学科"的任务，并具体提出了更好地服务广东实施创新驱动发展战略等要求。此次会议还设定了具体的阶段性目标——到2025年，建成一批综合实力居于国内同类院校前列、在国际上有一定知名度和影响力的高水平理工科大学和理工类学科。这次会议掀起了广东省创建高水平大学的新热潮。华南理工大学作为广东理工科大学的排头兵，则进入了首批建设大学名单。

回溯上述背景不难发现，华南理工大学广州国际校区孕育于广东地方发展的实践呼唤。国家有政策，地方有需求，而学校有基础。作为一所以工见长，理工医结合、多学科协调发展的综合性研究型大学，华南理工大学的工程学、材料科学、化学、农业科学、计算机科学等学科都居于国际领先水平,具有建设世界一流大学和在地国际化教育发展的良好基础。在华南理工大学的办学基础上建设广州国际校区,可以很好地满足广东省和广州市对于前沿领域高端国际化人才的持续需求。华南理工大学广州国际校区的办学方案和学科设置,也充分回应了地方的这一期待——按照"中西合璧,臻至一流"的发展定位,扎根中国、融通中外,汇集全球创新要素,助力粤港澳大湾区国际化教育示范区建设,致力于建设成为集聚国际高水平团队、培养新工科领军人才、开展深度国际合作、聚焦前沿科学研究、推进高端成果转化和创新创造创业的高地,率先办成高水平、国际化、研究型、新工科特色的世界一流示范校区。

概言之,回应地方发展对于高水平理工科大学和理工科学科的现实期待,是华南理工大学广州国际校区创建的又一缘起。其中蕴含的"应时而变"规律,同样是"华工模式"何以可能的经验启发。地方发展对华南理工大学建设国际化前沿交叉工科提出了渴望,形成了鼓舞和方向指引,也为日后促成"部省市校"共建华南理工大学广州国际校区埋下了伏笔。华南理工大学基于自身优势,对地方期待角色的积极承担和回应,则与广州国际校区的创新性建设互促共进、互为注脚,二者是相辅相成的关系。

三、立足学校进阶方向:直面固本兴新命题

"华工模式"既是因应外部环境的产物,也是内生发展的延续,是一所高校立足现实、打通内外,从而实现更大办学空间和更高办学水平的结果。在地国际化实践的创新,既要抓住高等教育发展的改革契机和时代浪潮,及时回应国家、省市关于高等教育建设的新要求,也要落脚于学校自身的国际化和本土化内涵建设底座,受学校发展条件、革新动

力和有效行动影响。从"华工模式"的内生经验看,建设广州国际校区是"办好中国的世界一流大学"的时代探索,也是华南理工大学有效结合学校实际、广东实际和国家战略的整体性推进,肇始于破解学校长期面对的高质量发展命题和高水平"人才之问"。

对标对表"双一流"建设方案,真正培育出、凝聚好一支有战斗力的人才团队,为教育强国建设提供有力支撑,成为新时代高校建设的重要目标。国家的发展导向、广东的迫切期望,赋予了华南理工大学改革发展的外部动力。面对这种形势,当时华南理工大学在学校层面有一个共识是:未来学校发展方向,"双一流"建设是大势所趋。学校要实现跨越式发展,必须围绕国家"办好中国的世界一流大学"的战略导向、广东省及广州市的目标需求,有效构建学校发展的外部环境,汇聚学校办学资源,切实提高教育水平,培养更多的高素质人才,产出更高质量的研究成果。除此之外,也要结合自身发展特色,扬长补短,探索出一条符合学校实际条件的一流大学发展道路。

从特色和优势看,华南理工大学具备较为坚实的国际化办学的软硬件基础。追溯华南理工大学的办学历史,从1918年成立广东省立第一甲种工业学校以来,已经走过了百年历程,学校也相继进入国家"211工程""985工程"和"双一流"建设A类高校行列。华南理工大学具备了世界一流的高水平理工学科格局,拥有一支高水平的创新人才队伍和科学家群体,建设了一批高水平的科技创新平台,为建设"新工科"在地国际化校区提供了现实可行性,奠定了很好的师资基础和创新载体。前期的开放办学实践,与世界一流大学和学术机构开展的实质性交流合作、拓展的国际"朋友圈",则积累了较为丰富的国际化办学经验。在这个意义上,建设在地国际化的广州国际校区是华南理工大学前期办学经验的进一步延伸和迭代。

不过，一流大学水平的提升，涉及一流人才、教学、教材、校舍、设备、管理等方方面面。客观而言，在"华工模式"探索的早期，建设一流大学的具体行动路径尚不明晰，且华南理工大学面临自身发展的现实挑战和资源瓶颈。一方面，与全国多数高校一样，华南理工大学当时客观存在教学科研用房紧张、办学资源需要扩充等困难，并面临国内同层次高校的激烈竞争。学校资源状况大体能够满足常规发展的需求，实现学校的平稳发展。但从创新跃升的角度而言，拓展办学资源十分有紧迫。

另一方面，人才是办好一所高水平大学的关键变量，而华南理工大学当时同样面临人才引进的传统挑战。如何引进人才，以及采取什么方式引进全球高层次顶尖人才，是一件非常有技术含量的工作。以往，在华南理工大学实际工作中，除了相关的宽泛要求之外，引进人才并没有非常明确且具体的评价指标。由于学科之间存在差异，人才评价存在巨大的信息不对称，很难在实际操作中采用明确的量化方案，所以引进顶尖人才存在很大的变数。这种情况严重制约了学校高质量发展。与此同时，办学过程中，人才引进的定性评价，往往与引荐人的公心、学术判断力等因素密切相关，所产生的效果存在较大的波动性，无法确保引进人才的确定性结果，也没有形成稳定的制度体系，导致学院人才引进和学校战略目标失配的矛盾，甚至会带来一些利益关联问题，干扰学科建设，制约学校发展的可持续性。粗放型的引进人才方式，具有举荐通道单一，以及坐等上门、等米下锅等局限性，不适应建设世界一流大学的目标要求。

在约束条件下突破传统障碍，并找到恰适的跃升路径，是建设世界一流大学命题的难解之处。"华工模式"的一个可贵经验，便是直面上述现实命题，立足外部时势和学校客观实际，找到了一个通过创设全新平台载体，高起点提升办学水平的解题方案。前述学校发展的内部困难与挑战，可以通过内部挖潜或是优化组合，部分得以有效解决，但这种方式较难在突破意义上实现高水平办学质量的跃升。譬如高水平大学的人才引进，以及前沿交叉学科建设等战略议题，很难通过学院层面的机制优化和局部调适进行破解，而必须提升解决问题的层级，先放到学校层面，并需要通过整体布局来推动。对此，"华工模式"在整体布局上积极谋划，一方面抓住学校发展的重要机遇窗口，即国家宏观战略积极鼓励高水平一流大学建设，广东地方层面也有非常强劲的动力和意愿，在高等教育领域投入更多的资源，强化与国家发展与地方需求的深度对接；另一方面充分发挥利用已有条件基础并直面客观约束条件，最大限度地发挥学校的特色优势，建设一个新校区来高起点提升办学水平，并探索实施国际学术委员会引才、以才引才、预聘—长聘教研人员聘任体系（Tenure-Track）等与国际接轨的人才引进新机制，面向未来高起点筹划，走出了一条独特的合作办学新路。

第二节
聚力而为，联结四方资源

一个全新校区的建设，不可避免地要经历不断摸索的过程，有多元目标的扰动，也有不同办学地点的权衡考量，建设过程往往难以一蹴而就。华南理工大学广州国际校区的建设同样如此。中央有精神，广东有部署，学校有基础，如何具体落实却非易事，稍有差池便可能前功尽弃。新校区办学地点几经波折，诸多操作性、落地性难题贯穿始终，合作方是谁、校区如何选址、制度障碍如何化解、时间表如何设定等，都是需要先行解决的问题，建设完成后的招生考试、人员招聘等一系列工作如何开展，事无巨细，均考验着管理智慧和能力。

尤为特别的是，广州国际校区的建设融汇了教育部、广东省、广州市，以及华南理工大学的共同努力，是四方共建、渐进探索的结果，实现过程更为复杂。建设在地国际化的世界一流校区无疑是探寻建设中国特色世界一流大学新路的有益尝试，既切中时代所需、地方所望，也必将为全国高校提供有益样本。但是，在缺乏现成行动框架的情境下，各项活动的开展需要先行先试的勇气，更需要各级政府的大力支持。华南理工大学广州国际校区经历了从广州市，到广东省，再到教育部的四方共建的逐步酝酿，史无前例。学校如何征得教育部同意并支持与地方政府合作办学，理念价值宏大，组织谋划难度系数超乎想象。这样打破常规的合作极其不易，弥足珍贵。

对此，通过扎根本土、上下联动的资源联结，破解新校区建设中普遍面临的诸多操作性、落地性难题，并创造性汇聚部省市校四方合力，是"华工模式"带给我们的又一宝贵经验。

一、扎根本土的共荣逻辑

大学因城市而生，城市与大学共荣。在华南理工大学广州国际校区创建伊始，华南理工大学与广州市携手共进——学校坚定选择扎根广州本地办学，广州为校区落地提供全方位支持，实现了校地"双向奔赴"的紧密联结。在扎根本土的校地共荣背后，蕴含着办学资源集约化、办学效益长期化的系统性和务实性逻辑，是"华工模式"顺利建成并能够持续发展的成功秘钥。

在前述建设世界一流大学的改革契机和时代浪潮下，全国各地都行动起来，加快谋划推进高水平大学建设，并积极寻求与国内外高水平大学合作办学，探索在本地设立分校区或研究院。在广东省内，同样也有多个地市曾以不同形式，与华南理工大学就合作办学事宜进行不同程度的对接。到底选择在哪里开设新校区，或是建设不同形式的办学载体，能够更有效地回应国家发展战略和地方需求、推动学校高水平发展，是当时摆在华南理工大学面前的一道不易回答的选择题。

从最后交出的答卷看，华南理工大学选择扎根广州建设广州国际校区，既有办学成本和整体效能的综合考量，也是对理工科大学客观发展规律的有效遵循。首先，广州是华南理工大学原有五山校区和大学城校区的办学所在地。华南理工大学经过多年"211工程""985工程"的建设，拥有一大批国家级、部省级科研机构与国家重点实验室等，国家、地方、学校为这些科研机构投入了大量的人力、财力、物力。这些平台都很有特色，并已经达到很高的发展水平。如果学校异地办新校区，这些平台将很难发挥协同效应，也不可能在异地重复建设。

其次，理工科学校的发展有其特殊客观规律，到异地办学会受到一定的制约。华南理工大学广州国际校区瞄准的是国际高等教育发展前沿，旨在推动新工科发展，融入国家战略，助推高水平发展格局，这些更需要有强有力的前期基础和铺垫。理工科大学的学科交叉性强，对科研机构和平台、相关学科具有较强的相互依赖性。同时，契合地方发展需求，建立符合校地特色的产学研合作机制，对理工科大学的持续发展至关重要。综合多方面因素的考量，扎根本地建设广州国际校区，是华南理工大学的首选，对其他高校，尤其是理工科院校同样适用。

当然，办学地点往往不只是学校单方意愿的选择，也是地方政府双向奔赴的结果。"华工模式"的成形和落地，离不开广州市政府层面的积极响应和有力支持。在华南理工大学广州国际校区建设过程中，广州市同样将新校区建设视为华南理工大学与广州市同城共荣的时代所需，全力支持并推动了多项对接合作。校地之间双向互动，详细讨论华南理工大学广州国际校区建设的方案细节，共同推动了"华工模式"的落地。

譬如，华南理工大学广州国际校区规划建设的10个学院的设置和确立，融合了市校双方的智慧，集成电路、人工智能、新材料、生物医药、海洋科学与工程等方向切中国家战略发展所需，抓住了广州未来产业发展的科技急需，也最大化体现了华南理工大学的特色优势。校区的办学层次和理念在双方对接中，也不断迭代升级，从起初的以人才培养和科学研究为中心，拓展到人才培养和科学研究并重、国际顶尖人才汇聚、学院+研究院并行，聚焦以国际化办学提升人才培养质量，融合国内外多方优势，建设人才高地、创新中心、对外合作交流和产业化孵化基地等。此外，在广州市的支持下，华南理工大学广州国际校区规划方案的建筑面积和投资规模，都随着校区建设目标的提升得到扩大。在这一过程中，广州国际校区建设方案实现了人才培养、科学研究、社会服务和对外交流合作的全覆盖，全面支撑高起点高水平国际化校区建设。

在市校共荣的"双向奔赴"中，华南理工大学与广州市的合作办学迈出关键一步，就推进广州国际校区建设，率先在全国做出开创性探索、发挥引领性作用达成共识，并全面启动实施。2016年11月11日，华南理工大学与广州市人民政府签订了《广州市人民政府 华南理工大学共建华南理工大学广州国际校区框架协议》，以文本形式正式签订合作，全面开启了共建广州国际校区的序幕。其后，双方在校区建设、人才引进、科技成果转化以及周边环境优化等方面，持续紧密协作，高质量推动了华南理工大学广州国际校区的建设。

从华南理工大学扎根广州、服务广州、市校共荣的实践经验看，选择合适的发展土壤，使学校建设与地方发展同向同行，是"华工模式"得以实现的重要经验。其实，同样思路不仅适用于高等教育在地国际化校区建设，也是高校有效发展的普遍规律。高校与地方政府的深度合作，尤其是扎根本土、因地制宜的共荣共进，不仅可以为地方经济建设和社会发展提供智力支持，满足地方发展过程中科技和人才需求，还可以极大地扩充高校办学资源，汇集更多创新要素，在高质量发展的竞争中获取优势。

二、上下联动的聚势逻辑

在扎根本土的校地共荣之外，进一步打破先例，聚合"部省市校"四方之力，在上下联动的聚势逻辑上，构成了"华工模式"的独特经验。如上所述，华南理工大学广州国际校区的建设能得到广州市的全力支持，实属难得。而如何争取广东省、教育部的支持，最终由四方来共建，更没有先例可循。在这个过程中，要实现教育部、广东省、广州市、华南理工大学四方共建广州国际校区，需要平衡好四者之间的"多对"关系。四方会共同出现在一个协议上,共同参与一个大学校区的建设,不仅仅是中国高校办学模式的一个创举,更是制度层面上的一个突破,为有效实现"华工模式"的高等教育在地国际化创新提供了有力保障。

本章第一节提到,广东省对华南理工大学发挥引领作用、建设世界一流大学抱持很高期望,不仅对华南理工大学进行高水平大学建设的专题调研,还在2016年部署的"加快建成一批高水平理工科大学和理工类学科"任务中,将华南理工大学纳入了首批建设大学名单。这些措施彰显的是对华南理工大学在广东高等教育发展蓝图中重要角色和更大作用的期待,也为共同支持在地国际化的华南理工大学广州国际校区建设埋下了伏笔。基于这一政策空间的把握和积极尝试态度,华南理工大学与广州市作为共建主体,共同向广东省委、省政府作专题汇报。广东省不仅高度认可华南理工大学与广州市的设想,肯定了建设广州国际校区不仅是为广州培养人才,更是为广东全省培养人才的重要意义,还就省市共同支持校区建设的投入方式形成明确意向。由此,省、市、校达成共识,共建华南理工大学广州国际校区。

心理学家亚伯拉罕·马斯洛有一句名言,"任何时刻我们都有两个选项:前进一步求增长,或者后退一步求安全"。增长与安全往往是辩证的,华南理工大学广州国际校区的建设虽不涉及生存之安全,但在脱离安稳求发展、超出常规求跃升的过程中,诸多不确定性因素同样考验着历史现场创新者的智慧和勇气。在争取广东省参与共建的原则确定之后,华南理工大学广州国际校区的建设迎来新局面。正常而言,一个大学的校区建设能够获得省市共同支持,已是难得。但是,能否再前进一步,打开更高的空间、确立更长远的布局?在此,"华工模式"创新性实现了一个新的关键突破——将广州国际校区建设纳入国家队,争取教育部更大的支持。

省里市里的双重支持来之不易,如果能进一步得到教育部的共建支持或政策赋能,华南理工大学广州国际校区必将获得更大的发展前景。而教育部、广东省、广州市、华南理工大学四方共同推动一个校区的建设,国内之前没有过先例,要打破常规并不是一件容易的事。本着"前进一步求增长"的决心和多套方案的准备,华南理工大学向教育部领导详细汇报了广州国际校区的共建来由、共建力度等详细情况。最终结果如我们今天所见,教育部肯定了华南理工大学广州国际校区的筹划和进展,充分认可广东省和广州市的支持,并立足教育主管部门的主体责任和在地国际化校区建设的深远意义,从在大湾区先行先试、示范引领的发展高度,支持和确认参与四方共建。

2017年3月15日,教育部与广东省政府、广州市政府、华南理工大学在北京签署协议,共建华南理工大学广州国际校区,开创了"部—省—市—校"共建广州国际校区的历史。四方共建这一史无前例、突破传统事项的落成,为华南理工大学广州国际校区的建设打开了广阔空间,也是"华工模式"显著不同于其他高校合作办学模式的特别之处。这一复杂协作过程的达成,离不开学校层面积极对接自身优势和社会需求、多方集聚办学资源的主动作为,内含校地之间、部省市之间协力革新的办学智慧,为全国其他地区和高校基于自身实际,推进校地共荣与联动创新的高等教育在地国际化创新提供了示范。

第三节
乘势而上，高原上建高峰

在2013年全国宣传思想工作会议上，习近平主席提出要胸怀大局、把握大势、着眼大事，找准工作切入点和着力点，做到因势而谋、应势而动、顺势而为。该工作方法不仅适用于宣传思想领域，也同样适用于高等教育发展创新，体现于"华工模式"从无到有的建设过程中。"部省市校"共建华南理工大学广州国际校区具有里程碑式的意义，是四方合作建设世界高水平大学的一次有益尝试。华南理工大学在与教育部、广东省、广州市全面沟通合作的过程中，也不断深化了办学理念，明确了校区建设思路，即"高原上建高峰"——在学校高水平学科发展母体上，建设世界一流的国际化校区，以先行先试的目标高起点谋划、高质量推进。"高原上建高峰"的办学思路贯穿"华工模式"建设始终，为探索中国特色高等教育在地国际化创新路径提供了"华工经验"。

一、高起点谋划：世界一流水平

"华工模式"的打造体现了"两个高起点"：一是优势学科基础高，二是整体性改革站位高。从响应国家战略和地方需求的应时而变，到联结四方资源的聚力而为，华南理工大学广州国际校区的正式名称和建设内容有所调整，但建设世界一流水平国际化校区的办学目标锚定未变。在此大方向下，基于理工科发展积淀优势迭代，以及摆脱制度惯性的破旧立新，华南理工大学广州国际校区内外部发展势能得以充分释放，为建设世界一流水平大学提供了有力支撑。

首先，"华工模式"的前沿交叉工科特色，建立在学校优势学科积淀的母体之上，是以优培强、国际化发展的学科迭代。作为拥有百年办学历史的"红色甲工"传承者，新中国"四大工学院"之一，华南理工大学具备整体上以工见长综合性学科格局，长期被誉为"工程师的摇篮""企业家的摇篮"，在一流理工科建设方面本身已具备较高发展水平和坚实基础。华南理工大学广州国际校区的建设是在"高原上建高峰"，即借助国际化平台建设，进一步发展前沿交叉工科方向——在学科布局上瞄准世界科技前沿，对标新一代信息技术、高端装备制造、绿色低碳、生物医药、数字经济、新材料、海洋经济等国家战略性新兴产业发展重大需求，开展重大基础研究和高端人才培养，进行关键核心技术攻关。

华南理工大学广州国际校区聚焦创设前沿交叉学科，建设新材料、人工智能、生物医药、生命健康等学科群，有效发挥了自身以工见长的学科优势，嵌入了服务国家战略和区域发展的经验，为高起点建设高水平理工类学科、世界知名理工科大学，实现在中国大地上办好世界一流大学、培养国际化一流人才目标，找到了有基础、可持续、高效用的切入点。从后续发展结果来看，前沿交叉工科发展方向与国家2017年正式推出的新工科建设计划不谋而合。

其次，"华工模式"超越了小修小补的局部创新，通过"高举高打"的整体性办学载体变革，为世界一流水平的在地国际化人才培养提供了全新土壤。一方面，立足本土办世界一流大学的宏伟目标，存在着不同的国际化办学路径选择。传统的"送出去"模式，或是碎片化的"拿来主义"，都是既有的选择方案。按照常态发展思路，借助于高校惯常的国际合作格局，可以依托学校既有的国际合作网络，逐步引入国际化资源，逐步推进高校国际化程度。该路径虽能部分破旧立新，在局部领域提升国际化水准，但很难实现办学水准的系统性提升。另一方面，一流大学需要汇集大批一流人才，一流人才的引进与培养同样兼具国际化与本土性发展的目标导向，同样面临存量与增量的路径选择。局部更新或是整体布局的战略选择，具有极大差异。一流大学建设如此，一流人才引育亦是如此。

此外，历史的发展惯性、固化的学科基础、老化的研究布局等，同样构成了世界一流大学建设的沉重负担和无形枷锁。在一个学校发展过程中，诸多传统优势条件反而可能构成未来发展的牵绊。因此，国际化办学与人才引育的小修小补，或浅表层次的优化组合，常常无济于事。在面向世界一流的发展战略中，需要整体筹划，才能找到新的思路，获取新的发展优势。"华工模式"的一个宝贵经验在于，基于这一方向性认知和路径选择差异的研判，立足外部时势和学校客观实际，找到了在地国际化办学的解题方案，在国际化办学助推世界一流大学建设道路上，探索不同于以往高校国际化办学路径，并以此为突破口，通过新校区建设创造全新办学载体，确立培养国际一流人才、建立国际一流学科、汇聚国际一流师资、创造国际一流成果的改革定位，高起点推动办学水平的系统跃升。高举高打、系统推进的革新之道，使"华工模式"在对标世界一流的办学成效上闯出一片新天地。

二、高质量推进：先行先试革新

全新办学载体的建设，需要与之相应的组织体系和管理机制革新做支撑。在应时聚力、高起点谋划的基础上，华南理工大学广州国际校区先行先试，高质量开启了"扎根中国办世界一流大学"的路径探索。其实，在2016年前后，国际化办学和中外合作办学在中国已非新鲜之事，但如何在体制机制创新上,突破传统办学模式的碎片化、附庸性、形式化等局限,是校区谋划之初摆在华南理工大学面前的崭新课题。华南理工大学广州国际校区参考中国顶尖大学走过的路,比较世界一流大学特别是新兴大学的发展之路,逐步明确和细化了办学体系的整体布局与实现路径,形成了中国特色高等教育在地国际化创新的"华工模式"。

在具体设计上,围绕建成一所高水平、国际化、研究型、新工科特色的世界一流校区的发展目标,华南理工大学广州国际校区在机制路径上,重点进行了"四大革新":

一是办学思路革新。在校区组织体系和管理机制的设计上,"华工模式"系统嵌入了前述"中方为主、全球协同"的核心理念。"中方为主"是指扎根中国大地办教育,立足中国国情,继承中国传统,弘扬中国文化,形成具有中国特色的本土国际化教育方略。"全球协同"建立在"中方为主"的基础上,根本宗旨是服务于人才培养的核心目标。实际上,要实现"中方为主,全球协同"的办学模式,需要打破很多协作壁垒,需要改革创新很多教学评价、成果转化等方面的体制机制。华南理工大学广州国际校区在创新性探索的同时,有效地把握办学治学主动权,为锚定为国育人的宗旨奠定了基石。

二是办学格局革新。在发展纲领上,华南理工大学广州国际校区在更深层次上构筑开放办学格局,加强与世界一流大学的实质性高水平合作。按照"一对一""一对多"的模式,平等互鉴、互学互通,每个学院与一所或若干所该学科领域顶尖的境外高校开展全方位合作,搭建与国际接轨的高端平台,推进专业国际认证与学科国际评估,构建可持续发展、与国际同质等效的人才培养方案、课程教学体系。这一制度设计为学生提供了更多在校内接触跨文化与国际性事务的机会,营造了浓厚的国际学术氛围,推动形成了更高质量、更宽视野、更深内涵的开放办学新格局。

三是治理体系革新。在贯彻国际化办学理念、创新内部治理体系方面，"华工模式"进行了现代大学体制机制、治理体系的变革。校区建设方案在突出华南理工大学在课程设置、师资遴选、教学实施、教材选择、学术研究等关键环节的话语权基础上，以开放包容、"和而不同，兼收并蓄"的姿态，将中西办学模式、传统与现代育人手段相结合，融入国际性教育视野、内容和方法，将国际化的内涵与制度融入学校功能供给的全过程，探索实践国际化教学科研规范、国际化学习生活环境、国际化多元文化交融。同时，采取更具务实性的"一院一策"制度，在精细化和科学化管理上契合各个学科发展的客观规律。

四是协同模式革新。华南理工大学广州国际校区秉持"顶天立地"的国际化办学思路，明确提出兼顾提升自身发展水平和聚焦国家发展利益，立足粤港澳大湾区战略新兴产业发展的重大需求，以全球视野谋划科技研发合作，打造高层次人才培养基地、国际人才汇聚基地、创新创业基地等六大建设目标。同时，对接世界一流高校的相关一流专业，立足自身学科发展优势与特色，契合国家产业发展需求，研发新技术、新材料，建设前沿交叉新工科。通过政产学研用协同创新，实现关键共性技术、前沿引领技术、颠覆性技术的重大突破，探索科技成果向实际生产力转化的新路子，助力国家和地区创新体系的发展等。

由此，华南理工大学广州国际校区应时聚力、乘势而上，充分体现"中西合璧、博雅合璧、传统与现代合璧、科学与人文合璧"的设计理念和"卓尔不凡、臻至一流"的办学理念，在持续完善校区布局的过程中，推进了各项办学制度、学科专业和人才队伍等的建设，构建起日益成熟和系统的在地国际化办学体系。从2017年3月15日"部省市校"四方签约共建，到2018年5月9日动土奠基，再到2022年9月13日，在迎来华南理工大学组建70周年暨建校105年校庆之际，华南理工大学广州国际校区全面建成。立足广东、辐射华南、示范全国,华南理工大学广州国际校区在世界之变、时代之变中"高原上建高峰",通过高起点谋划、高质量推进,最终为高等教育在地国际化创新提供了"华工经验"和"华工样本"。

第十章

从典型样本到全面推广：
华工模式的未来趋向

作为教育部、广东省、广州市与华南理工大学四方共建的高等教育在地国际化改革试点基地，华南理工大学广州国际校区立足中国实际，融合世界先进教育理念，引入全球优质教育资源，使全体学生在本土接受与国际一流高校同质等效的教育，培养一流的拔尖创新人才，为全国高校提供了可借鉴和可复制的在地国际化办学经验，也为全球不同国家贡献了切实可行的中国方案，具有普遍性示范价值。

从未来发展空间看，华南理工大学广州国际校区的发展也面临前沿交叉学科、关键核心领域高层次师资力量仍然不足，各类办学要素统筹协调性仍有待提升，以及兼具中国特色与国际比较优势的人才发展体系有待进一步完善等挑战。如何从顶层设计到文化引领进行新的探索，破解这些未竟难题，推动"在地国际化"与"双向国际化"互促双强，既是华南理工大学广州国际校区持续迭代升级的方向，也是全体学界和业界接续奋进，共同打造中国特色、世界一流高等教育在地国际化品牌的努力目标。

第一节 创新扩散空间

高阶层次的高等教育在地国际化遵循集成式系统融合逻辑,从教育理念到教育组织实现全面的国际化接轨,实现国际教育资源的创造性融合和转化。"华工模式"的典型实践开创了中国高等教育在地国际化办学的先河,应时而变、聚力而为、乘势而上的变革之道更提供了不限于一域的创新经验。基于"中方为主、全球协同"的办学方向,华南理工大学广州国际校区扎根本土、先行先试,融汇国际高水平人才的办学要素,高起点谋划、高质量推进,初步探索形成了中国特色的高等教育在地国际化发展新模式。在创新扩散和现实意义上,"华工模式"超越了本书第五章所述的散点式的要素迁移,或模块式的物理拼装,在集成式的高阶层次上,提供了高等教育在地国际化的典型样本,具有国内与国际层面的双重示范价值。

一、国内层面:提供可复制样板

作为扎根本土的中国特色高等教育在地国际化办学范式,"华工模式"为全国高校提供了可借鉴和可复制的创新经验。华南理工大学广州国际校区在建设国际一流且具有中国特色的高等教育在地国际化体系上,从"中方为主、全球协同""中西合璧、臻至一流"等办学理念,到落实办学自主权、内容主导权、运行评判权、成果使用权等的路径创新,进行了一系列丰富的实践探索。这些探索对全国高校的高等教育在地国际化创新具有多重意义。

首先，对破解中国高等教育在地国际化过程中，长期面临的中西方文化融通挑战，本土实践需求回应滞后、特色优势挖掘不足问题，以及单向输入而双向国际化缺失等问题，探索了可行路径。这对全国其他高校的相关实践具有普遍参考意义，值得在进一步的经验挖掘中，进行系统推广和新的拓展。其次，华南理工大学广州国际校区的创新实践不仅是以我为主的，也是锚定一流的。以搭建具有中国特色的高标准、高质量、高水平的国际化高等教育平台为目标，"华工模式"从高阶层次的高等教育在地国际化入手，立足自身学科发展优势，集成式融合吸纳世界高等教育体系建设的先进经验、一流资源，"顶天立地"地服务国家重大战略和区域发展需求，卓有成效地融通了国际经验、中国特色与学校优势。这些实践经验勾勒了中国特色高等教育在地国际化的可行路径与发展蓝图，对国内其他高校推进本土特色、国际一流的相关实践探索具有重要参考价值。

二、国际层面：提供可选性方案

"华工模式"是中国推进教育对外开放战略的鲜活样本，在践行以我为主、中西合璧、前沿引领、走向世界等原则的基础上，突破传统国际化和初阶、中阶在地国际化的局限性，深度融合国际经验和中国特色，并初步探索出在地国际化"双向"育人的新路径，丰富了中国高等教育在地国际化的办学层次和创新样态，也为全球高等教育国际化创新贡献了新方案。

一方面，"华工模式"是提升中国高等教育国际影响力的有益实践。作为高阶层次的高等教育在地国际化实践，华南理工大学广州国际校区建设的有益经验对世界各国具有普遍的参考意义。尤其是既为本土学生提供沉浸式国际化成长环境，又打造国际学生理想聚集地的"双向"国际化创新，可以为全球高等教育国际化模式的新一轮革新提供新思路，为改善全球高等教育国际化水平贡献切实可行的中国方案。

另一方面，对于发展中国家而言，"华工模式"的创新经验具有尤为特别且不限于高等教育本身的深远意义。全球发展中国家普遍存在对优质高等教育的强烈需求，也普遍面临国际化与本土性的内在矛盾。作为高等教育在地国际化的创新实践，华南理工大学广州国际校区建设的中方为主、全球协同理念，以及办学体系、育人方案、管理平台等制度设计，为发展中国家提供了不同于西方传统的新方案，对于全球发展中国家的高等教育在地国际化实践具有直接的参鉴意义。

无论是全球普遍性的革新意义，还是对发展中国家意义深远的借鉴价值，华南理工大学广州国际校区的实践创新都展现了广阔的经验推广空间。随着未来更多"华工模式"的涌现，中国高等教育在地国际化办学的全球影响力将不断提升，助推中国特色、国际一流的高等教育在地国际化品牌持续往前迈进。

第二节 未来发展方向

围绕教育对外开放路径创新，华南理工大学扎根中国大地办大学，以高等教育在地国际化模式的前沿探索，走出一条建设中国特色、世界一流大学的新路。在持续前行和创新过程中，华南理工大学广州国际校区也同样面临高等教育在地国际化建设的多重挑战，譬如人才发展结构不尽完善，不同办学要素的有效衔接需要进一步改善，以及全球引领性办学品牌仍有待提升等问题。在未来改革进程中，从顶层设计和文化引领等方面入手不断进阶，持续打造更高阶的中国特色高等教育在地国际化品牌，既是华南理工大学广州国际校区的未来发展之路，也是中国特色高等教育在地国际化的进一步创新方向。道阻且长，但行则将至，值得我们持续探索。

一、顶层设计：深化治理体系改革

经过近年来的在地国际化自主探索，华南理工大学广州国际校区在地国际化实践已经取得了初步成果，相关建设经验也为持续建设中国高等教育在地国际化示范性校区打下了坚实基础。在进一步可持续发展进程中，华南理工大学广州国际校区的一个探索方向是，从发展规划的动态完善、发展机制的内部优化等方面入手，深化治理体系改革，保持在地国际化办学路径的有效性。

随着在地国际化理念在中国日益得到认同，如何在顶层设计上统筹规划，系统地推进相关制度建设，助推高等教育在地国际化发展行稳致远，已成为十分紧要和有待系统解答的现实命题。对此，国家层面需要提供中国特色高等教育在地国际化的整体发展指引[①]，各院校也有必要探索符合自身定位的建设方案，并适时进行优化更新。就华南理工大学广州国际校区而言，自中国2019年《粤港澳大湾区发展规划纲要》出台以来，区域发展的新定位为华南理工大学广州国际校区赋予了新的发展环境。华南理工大学广州国际校区位于粤港澳大湾区的核心位置，扮演着为粤港澳大湾区建设提供人才和科技支撑的重要使命。相应地，在建设方案和发展规划中，华南理工大学广州国际校区已明确将服务粤港澳大湾区发展战略作为人才培育和科技创新的抓手，通过在现有学科平台、高端人才培养、国际交流等基础上进一步创新顶层设计，为粤港澳大湾区建设输送更多理工科领军人才和产业领袖。当然，中国特色高等教育在地国际化模式绝非单一的，不同高校可以根据自身因素来发展不同侧重点。这里涉及高校差异化定位问题，不同高校应在找准自身战略定位基础上，有针对性和动态性地系统推进在地国际化发展战略。

在宏观发展规划之外，如何不断探索和完善中国特色高等教育在地国际化实现机制，是与辨明发展方向同样重要的实践命题。高等教育在地国际化的深入推进需要有与之相配套的、科学规范的内外运行机制和保障体系，为建设目标的顺利实现提供导向和支撑。譬如，华南理工大学广州国际校区在进一步保障办学成效的探索中，正在完善从"管理为先"到"服务为本"的高校在地国际化的实施机制，为持续有效地实现世界一流人才培养目标，提供治理生态保障。从中国整体现实状况看，高等教育在地国际化发展目标的实现，仍存在政策导向模糊、资源投入不足以及多元主体协作不畅等障碍。这一方面缘于前期经验依旧有限，

[①] 陈映舟，陈丁江，朱小莹. 生态文明背景下在地国际化人才培养的思考与实践[J]. 黑龙江教育（高教研究与评估），2022（1）74-75.

另一方面也受制于传统制度惯性的约束。知易行难，中国特色高等教育在地国际化实践的进一步推进，客观上要求加快进行治理体系革新。对此，不管不同高校发展定位有何差异，建设重点都是打破传统高等教育管理机制和人才引育体系的约束因素，为中国特色高等教育在地国际化实践创新提供坚实的制度保障[①]。

二、文化引领：推进双向国际化

随着经济全球化和各国高等教育实践的发展，高等教育在地国际化的发展业已成为世界必然趋势。对中国而言，随着国家综合实力快速提升，以及国际影响力不断提高，高等教育国际化的内外部需求日趋迫切。在高等教育国际化对人才培养、科技创新、经济社会发展等促进作用日益凸显的形势下，"华工模式"的意义已不仅仅体现在高等教育创新层面，而将日渐上升为对国家发展战略支撑的高度。同时，伴随着中国世界地位的提高，中国特色高等教育在地国际化的发展也将形成日趋增强的外溢效应。这些趋势叠加共振，对高校以开放促内涵发展，不断提高高等教育在地国际化办学水平，形成"双向"引领、更具世界影响力办学体系提出了更高要求。

华南理工大学广州国际校区在教育部、广东省和广州市的共同支持下，已经发展出富有本土特色和国际水准高等教育在地国际化办学体系，初步探索出了在地国际化"双向"育人新路径。虽然相关实践仍处于起步阶段，但相信在自信自强、踔厉奋发的创新进程中，华南理工大学广州国际校区将在不断提质升级的探索中持续发挥引领示范作用。目前，华南理工大学广州国际校区正在进一步积极响应国家教育对外开放战略，纵深推进新工科国际暑期学校、与海外高校互设离岸创新中心等合作，

---

① 张伟，刘宝存. 在地国际化：中国高等教育发展的新走向[J]. 大学教育科学，2017（3）：10-17，120.

迈向输入与输出兼备、高质量"引进来"和高水平"走出去"相结合的更高阶高等教育在地国际化层次。通过推动"在地国际化"和"双向国际化"互促双强，既为本国学生提供在地国际化教学环境，又成为国际留学生的理想聚集地；既带动国内高校国际化育人体系的创新，把建设经验推广到国内其他高校，也走出国门、走向世界，参与全球高等教育布局和协作，为新时代高水平教育对外开放贡献"华工方案"和"华工力量"，为全球高等教育国际化贡献"华工模式"和"中国方案"，引领全球高等教育国际化创新发展，成为东西方文化交融的对话桥梁。

一花独放不是春，百花齐放春满园。在可以预见的将来，中国必将涌现出更多类似"华工模式"的一流院校，形成一批具有世界影响力和知名度的高等院校和学科专业群，在百花齐放的持续创新进程中，提升中国高等教育在地国际化办学水平，亦使来华留学从教育"政策导向"逐步转变为教育"实力导向"[①]，使中国高等教育从世界一流水平的跟跑者、并跑者步入领跑者角色。百舸争流，奋楫者先；千帆竞发，勇进者胜。通过持续推进中国特色高等教育在地国际化建设的迭代升级，中国必将走向内外联动的"双向国际化"新格局，在进一步参与全球治理的过程中，提供解决世界高等教育议题的中国方案。

---

① 卓泽林. 高等教育赋能区域发展战略的现状、挑战与对策：以京津冀、长三角、粤港澳大湾区为例[J]. 教育发展研究，2021（21）：14-25.

后 记

　　中国式现代化既立足国情也面向世界，是"走自己的路"和共建人类命运共同体的有机结合。中国特色高等教育在地国际化探索是中国式高等教育现代化的重要一环，折射出中国推动构建人类命运共同体的价值追求。本书探讨的中国特色高等教育在地国际化，实质是强调扎根中国大地，借鉴国外一流大学的先进办学理念，引入全球高端人才和优质教育资源，全方位提升学校国际化办学水平和人才培养质量，是践行中国式教育现代化道路的重要探索。实施"在地国际化"办学，并不意味着不重视对外交流，而恰恰是鼓励开展更深度的国际协同与创新，既广泛学习借鉴世界上的先进教育经验，积极参与国际教育交流与合作，又顺应现代高等教育发展趋势，立足本土实际进行融合式创新，高质量"引进来"和高水平"走出去"相结合，推动"在地国际化"与"双向国际化"互促双强。

　　在推进世界一流大学和一流学科建设的进程中，中国自上而下制定了一系列战略部署，推进建设与高水平教育开放相适应的高校外事管理体系，探索与世界高水平大学双向交流的留学支持新机制，确立了中国高等教育国际化发展的新方向。在这一宏观教育体制机制转型和改革背景下，国际化发展已经成为中国高等教育制度变革的关键突破口，高等教育在地国际化的重要程度随之得到了质的跃升。而从现状看，全国多所高等教育在地国际化院校已经成为中国与世界文化、科技、环境、创新、人才等高等教育要素交流的重要载体，但在发展阶段上参差不齐，且鲜有高阶层次的系统规划与实践创新。我们仍需进一步探索推动高等教育在地国际化管理体系创新，为中国特色高等教育体系提供更具适应性、开放性和灵活性的组织载体。

本书从高等教育在地国际化的整体图景和实践路径出发，初步呈现了华南理工大学广州国际校区的创新经验，总结了"华工模式"的革新之道与示范价值。华南理工大学广州国际校区的建设是中国特色高等教育在地国际化创新的全方位探索，开创了"部省市校"四方共建一个在地国际化校区的先河。笔者作为亲历者，有幸全程参与谋划华南理工大学广州国际校区的建设，见证并推动了"华工模式"生根发芽、拔节成长的全周期。对"华工模式"探索历程的回顾，以及在整体回顾基础上进行实践经验的再提炼，从而为高等教育在地国际化创新提供可借鉴、可复制的参照样本，是著述本书的初衷。面向未来，希冀"华工模式"能够启发更多高校的国际化教育创新，实现"百花齐放春满园"的高等教育在地国际化办学盛况。

值此书付梓之际，衷心感谢教育部、广东省、广州市各级领导的关心、支持和帮助，感谢李正、李卫青、林艺文、文宏、李伟群、李慧龙、吴招胜、罗礼卿、曾江华等同事的协助，感谢教育部高校思想政治工作创新发展中心（华南理工大学）各位同事收集和整理了大量资料，感谢华南理工大学出版社编辑的审定与校对。

创新永远在路上，踔厉奋进的探索经验历久弥坚。从进一步的发展空间看，中国特色高等教育在地国际化发展仍面临诸多挑战，譬如如何持续加强前沿交叉学科的高层次师资引育，如何系统推进差异化办学要素的深度融合，以及进一步畅通兼具中国特色与国际比较优势的人才发展机制等。在未来发展进程中，仍有待持续推进制度创新和实践探索，为打造中国特色、世界一流的高等教育在地国际化品牌不断前行。